# シン・学校改革

「定額働かせ放題」と「ブラック校則」に挑む現役教師

西村祐二
岐阜県立高等学校教諭



光文社

# はじめに

岐阜県立高等学校教諭の西村祐二といいます。

２０１６年８月15日、71年目の終戦記念日に、「斉藤ひでみ@kimamanigo0815」という名前でツイッターを始めました。以来、７年ほど学校を変えるためのさまざまな社会的活動をしてきました。

例えば、「ブラック部活動」の改革。定額働かせ放題と呼ばれ教師に残業代が支払われない「給特法」の問題提起。生徒の心を傷つけかねない「理不尽校則」の改善。

署名を集めて国に働きかけたり、記者会見で提言を行ったり、調査研究に携わったり、本を出版したり、メディアで発言したり、国会に呼ばれたりと……。

現役教師として働きながらできることは、ほぼ全てやってきました。

「なぜそんなにリスクを負ってやるのですか？」。そんなふうに言われることもしばしばですが、深い理由があるわけではありません。ただ子どものように、「おかしい」と思うことは

「おかしい」と言ってしまう、そんな性分なだけです。

だって、学校にはおかしいことがたくさんあるのですから。自分のためでもありますが、過労で倒れて現場を去った同僚、校則に傷つく子どもといった、今の学校からドロップアウトしてしまう全ての人たちのため。そして何よりも、そんな日本でよいはずがないという、この国へのささやかな情熱。

そんなところから、なけなしの勇気を振り絞って行動してきたというのが、実際のところです。

また、もともとは教師でも何でもなかった、20代の経験があってこそかもしれません。29歳まで東京の下北沢という演劇の街で、人と時代の波にのまれながら、自分のやりたい役者人生を貫き通すことだけを考えていました。役者人生と格好つけても、それで食えていたわけでもなく、実際には年収百万円ほどの新聞配達で食い繋ぐ、「役者未満」の人生でした。

そんな何者でもなかった自分が、ほんの少しでも世のため人のためになれるならと32歳から教師となり、学校勤務の傍《かたわ》ら、最初は誰にも正体を明かさず「学校改革」に取り組んできたのです。人知れず世の中に貢献することが、20代にさまざまな人に助けられて生きてきたことへの恩返しと思っていました。

今では成り行き上、顔も実名も明かしてしまいましたが……。

発信を始めてから随分と遠くまで来てしまった気もしますし、未だに青臭かった下北沢の役者未満のままであるようにも思います。

本書では、そんな私がどのように学校を変える活動を始めたのか。そしてこの数年間、何をして、どれほど学校を取り巻く環境が変化してきたのか。また最後に、教師になるまでの人生についても記します。

難しい法律の話も含めて、なるべく高校生にもわかるように書いたつもりです。

なぜならば、高校3年生を担任する私の目の前には、今年も「教師になりたい」と夢を抱く生徒がいるのです。しかし私が見聞きするのは、殺人的な長時間勤務や理不尽な校則指導をするのが辛《つら》いと、教員養成系大学に通う若者が次々と教職の道から離脱していく現実です。

「学校は沈みかけた船だ」、そう述べた大学生もいました。

私の教え子も、いつか道に迷うことがあるかもしれません。

しかし、そんな生徒たちに私が本書を通じて伝えたいのは、理不尽な場所は仲間とともに変えていくことができるということ。

教員志望の高校生だけではありません。日本中の全ての若者に伝えたいのは、「世の中は理不尽だから、理不尽に耐えられるよう準備しなさい」ではなく、「理不尽な世の中は私たちの手で変えていきましょう」ということです。

本書は、中高生や大学生、学校の先生、また校則に傷つく子どもたち、その保護者の方々、さらには学校とは直接関係を持たないけれども、日本の学校が今のままでいいわけがないと思ってくださる全ての方に向けて書きます。

こんな教師も日本にいます。

本書で紹介するエビデンス（科学的根拠）は、特別記載のない場合、私も共同研究者として参加した２０２１年11月実施の「学校の業務に関する調査」から引用しました。調査の概要は以下の通りです。

**●名称**：学校の業務に関する調査

**●方法**：ウェブ調査（インターネットによるアンケート調査。株式会社マクロミルのウェブモニターを利用）

**●実施期間**：２０２１年11月20日㈯～28日㈰。うち5日間が土日・祝日であり、教員が比較的回答しやすい日程を選定。

**●対象**：①公立小学校の教員、②公立中学校の教員。いずれも、フルタイム（正規採用ならびに常勤講師）で年齢が20代～50代の教諭・指導教諭・主幹教諭に限定。

**●サンプルサイズ**：①４５０名、②４５０名（合計で９００名）。最終回答者数は、①４６６名、②４５８名（合計で９２４名）。

**●研究組織**：内田良（名古屋大学教授）・加藤一晃（名古屋芸術大学・講師）・太田知彩（名古屋大学大学院・大学院生）・元木廉（名古屋大学大学院・大学院生）・西村祐二（名古屋大学大学院・大学院生）・長谷川哲也（岐阜大学・准教授）の６名。

# シン・学校改革　「定額働かせ放題」と「ブラック校則」に挑む現役教師　目次

## 第三章　これからの働き方を考える　171

第一章

# 「定額働かせ放題」に挑む

自分の学校の子どもに
教職を勧めることができる
N＝924（小中学校教員）

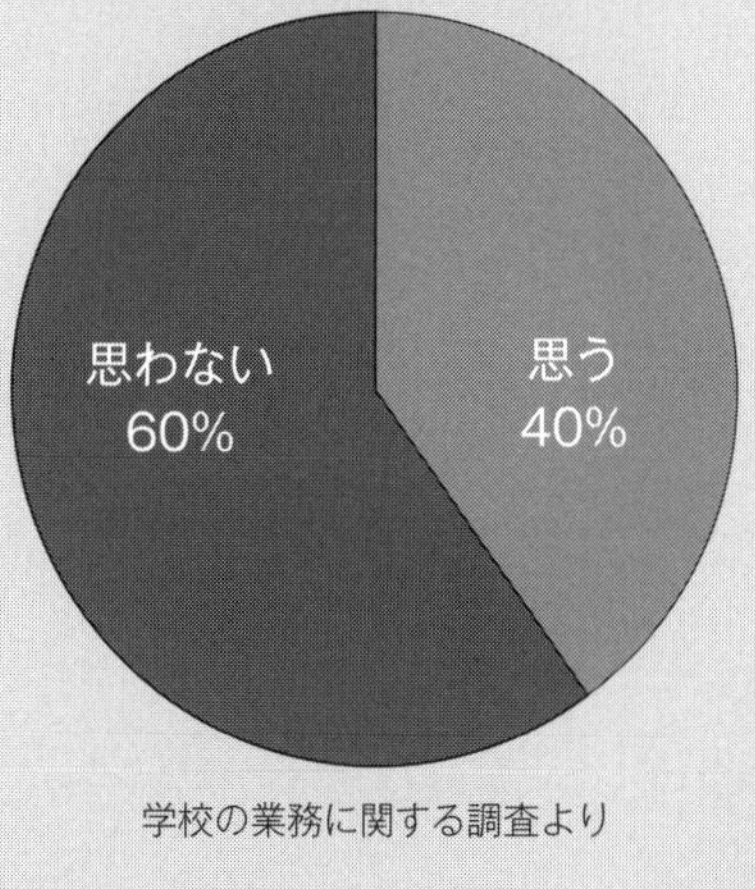


学校の業務に関する調査より

第一章は、今では広く知られるところとなりましたが、教師の過酷な勤務実態、いわゆる「定額働かせ放題」の問題についてです。

２０２２年度実施の教員勤務実態調査（速報値）によると、教諭の一ヶ月平均残業時間は、持ち帰り仕事時間を含めずに小学校64時間48分、中学校83時間44分、高校64時間52分（10～11月の調査結果を4週間換算した推計。持ち帰り仕事を含めた場合は、小学校82時間16分、中学校１００時間56分、高校81時間）。調査結果から見える小中学校教員の日常は、毎日３時間以上の残業、30分以上の持ち帰り仕事、にもかかわらず一日を通した休憩時間はわずかに23分。さらには土日も残業……。未だに青天井のノンストップ労働が続いています。

そして後述しますが、この残業に残業代は一切支払われません。

こうした「理不尽な長時間勤務」が主な原因と思いますが、本章扉に紹介したエビデンスでは、「自分の学校の子どもに教職を勧めることができる」教師はわずかに40・0％でした（N＝９２４、小中学校教員）。現場教師の実に6割が、「教師のバトンは渡せない」と考えているのです。

そんな「ブラック職場」と呼ばれる学校現場に飛び込み、私が体験したこと、感じたこと、その根本原因と考えること。そして働き始めて5年目に開始した社会的活動について述べていきます。

ということで、まずは私が教職に就いた32歳から話を始めます（それまで何をしていたのかは終章に詳述します）。

## 過酷な勤務実態

２０１２年4月、岐阜県の公立高校教諭として、私の教師人生は始まりました。初任校として配属されたのは、岐阜県南東部にある土岐《とき》市の定時制高校。私は、この高校で過酷な勤務の洗礼を受けることになりました。

残業時間はどれくらいだったか……。当時は職場にタイムカードがなく、本人も管理職（校長、教頭）も、自分たちがどれだけ働いているのかさえわからずにエンドレス勤務を続けていました。今考えると、家での持ち帰り仕事を含めて月に１５０時間ほどは残業していたと思います。忙しすぎてスーパーに買い物に行くのも躊躇《ためら》われるような生活で、土日も年末年始もあってないようなものでした。

こんな働き方をしていたら倒れるのでは……。

今、学校現場では毎年5千人以上がうつ病などの精神疾患から休職に追い込まれています。最新の２０２１年度調査では、前年から６９４人増加して５８９７人、過去最多を記録しまし

た（文部科学省「令和３年度公立学校教職員の人事行政状況調査」）。

しかし学校で教師が倒れても、すぐに代わりの人員が配置されることはありません。過酷な勤務環境が知れ渡り、助っ人の講師が見つからない「教員不足」が各地で起きているのです。誰かが抜けた分は、少なくなってしまった人員でやりくりせざるを得ません。周囲への負担増から病休の連鎖を招くこともあります。教育現場はそのような綱渡りの毎日なのです。

私の初任校でも、勤め始めて１ヶ月と経たないうちに同じ教科の先輩が入院してしまいました。その学校は朝から晩まで授業が行われる朝昼夜３部制の定時制高校でしたが（少し前からこのタイプの定時制が増えています）、その後、私は自分の受け持つ時間帯と、倒れてしまった先生が受け持っていた時間帯、しばしば両方の授業を掛け持つことになりました。

時には朝から晩まで10時間分の授業を行うこともありました。教材の蓄積もなかった私は、準備ゼロでぶっつけ本番となることも多く、生徒が問題を解いている間に次に何をどう教えればよいかと思案する有様。

夢を抱いて働き始めて早々、こんな境遇です。

先輩教師から「辛い時は辛いと言ってね」と言われていたため、早速「辛いです」と弱音を吐いてみました。しかし返ってきたのは、「辛いと言ってくれてありがとう。だけど、みんなで頑張って乗り切るしかないよね」という言葉だけでした。

初任校ではそのほか、突然心の病《やまい》で布団から出られなくなったり、職場で急にしゃがみ込んで立ち上がれなくなったり、失踪して数日間行方不明になったり……毎年のように同僚が「悲鳴」を上げる場面に出くわしました。

教師にとって、何がそんなに負担なのでしょうか。

勤務が長時間に及ぶことはもちろんですが、あの頃を振り返ると、授業準備や生徒対応は教師になるにあたって想像していたものであり、心的負担はそう大きくありませんでした。それよりも、「こんな仕事もさせられるのか」という事務仕事の負担感が大きかったです。

例えば、私は1週間分の全校生徒の出欠状況をパソコンに入力し、翌週までに分析結果をまとめるという業務を担いましたが、金曜日の深夜まで残って作業をするか、土曜日に出勤して半日入力作業を行うかの選択を迫られました。授業の準備時間すら持てない中で、そのような過大な事務仕事をこなさなくてはならなかったのです。

奨学金担当も担いました。これは高校に次から次に届く奨学金募集を遅滞なく生徒に伝え、生徒が申請してきたら一緒に必要書類を整えて募集元に送付するという業務です。一番大変だったのは、高校卒業後に大学や専門学校で受け取る奨学金を高校3年生の時点で予約申請するというもので、進学する生徒の3人にひとりが希望しました。今はマイナンバーを利用して申請が簡便になったようですが、当時はそのようなものはありません。所得に関する証明書を役所などで発行してもらい、電卓を弾《はじ》いて規定に合致しているかを教師が確認しなければなりませんでした。

初任者の私は、授業をしているか、全校生徒の出欠管理をしているか、奨学金の窓口業務を行っているかのいずれかで、授業準備の時間など勤務時間中に1秒たりともなかったのです。一番大切な授業、それを準備するための時間が一切与えられない……。「これが教師の働き方なのか?」と大いに疑問を持ちました。

教師が定時を過ぎてもこうした仕事に追われることで、最終的には生徒にしわ寄せがいってしまいます。例えば、教師は授業の準備をする気力などすっかりなくしてしまうのです(図1―1)。

私の場合、事務仕事で数時間の残業を行った末に疲れ切ってしまい、帰宅後しばらくぐったりしてから、深夜まで授業準備をするような生活を続けました。大袈裟ではなく、土日も朝から晩まで授業準備を行い、日曜夜は

準備不足のまま授業に臨んでしまっている

N=924(小中学校教員)

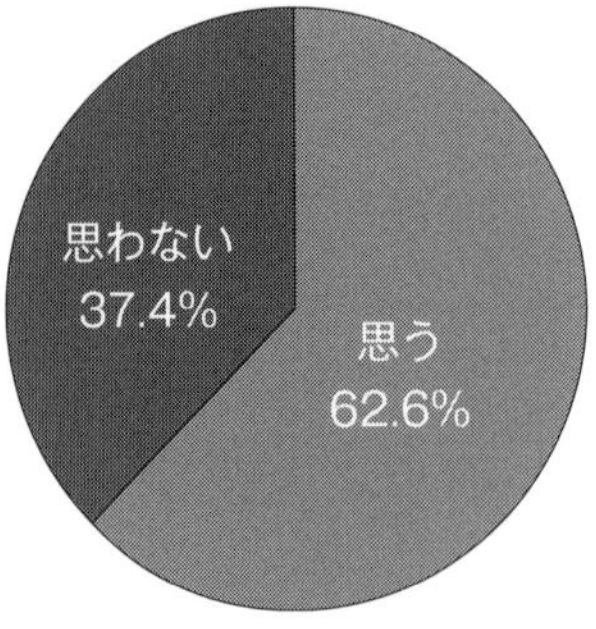


**図1-1** 割合から考えると、生徒が受ける1日6時間授業のうち4時間分は準備不足であるとも言える。(学校の業務に関する調査より)

終わらない授業準備で翌朝まで徹夜する……そんなことがしばしばありました。

学校での仕事は飽和状態で、授業準備は教師が私生活を犠牲にして行う「教師の善意」に頼らざるを得ません。その気持ちが尽きると、準備ゼロの「お茶を濁す授業」しかできなくなってしまいます。準備ゼロの授業を受け続けることになった場合、生徒にとって授業はただ耐え忍ぶだけの苦行に変わってしまいます。わざわざ学校に通って、6時間も授業を受ける必要性を感じられなくなってしまうかもしれません。

実におこがましい意見ですが、初任者の私が公立高校に入って最初に感じたことは、「授業がひどい」ということでした。しかしすぐに身をもって体験したことは、「教師は授業を準備する時間的余裕がない」ということです。誰しも一日24時間しかなくて、勤務時間は8時間しかないのに、授業準備以外のありとあらゆる仕事を詰め込まれているわけですから、授業の質を高めようと思っても土台無理な話なのです。

## ブラック部活動

教師の残業を考える上で外せないテーマは、「ブラック部活動」の問題です。

教師にとってのブラック部活動とは、「意に反して部活動顧問を強要される」という問題です。授業準備さえままならないほど忙しい教師に、さらに部活動顧問という、職務命令かどうかわからない仕事が押しつけられているのです（生徒にとってのブラック部活動は第二章に詳述します）。

「あれ？　顧問って職務命令じゃないの⁇」と思われるかもしれません。これが実に曖昧《あいまい》なのです。例えば、２０１９年1月25日に中央教育審議会（以下、中教審）がまとめた答申では、部活動は「学校の業務だが、必ずしも教師が担う必要のない業務」に分類されています（中教審とは公教育の方針を議論する国の有識者会議のこと、答申とは議論のまとめのこと）。

学校の業務？　でも教師が担う必要のない⁇　よくわからない位置づけですが、多くの現場では部活動は職務命令ではなく、校長からの「お願い」を受けて教師が「自発的」に担っていることになっています。

私がこの部活動問題に直面したのは、2校目の時でした。最初の定時制高校では部活動に長時間打ち込みたいという生徒の要望はなく、顧問を担わざるを得ないと言ってもそれは私生活を過度に蝕《むしば》むほどの業務ではありませんでした。しかし2校目の全日制高校では、平日の勤務時間外や、しばしば土日を割いて部の面倒を見なくてはならなかったのです。

「顧問を担うも担わないも自由。部活動を行う教師は、本当にその活動が好きでやっている」ということであれば、問題はないかもしれません。しかし実際は希望の有無にかかわらず、4

月に校長から依頼される部活動を持たざるを得ないのです。

部活動顧問の強要によって生じる問題は、大きく4点挙げられます。

1つ目は、専門外の部を持たされることが多々あることです。名古屋大学教授の内田良さんらが２０１７年11～12月に行った「中学校教職員の働き方に関する意識調査」によると、中学校の顧問の半数以上は「素人顧問」ということです（内田良ほか『調査報告 学校の部活動と働き方改革』岩波ブックレット、２０１８年）。同じ調査で「来年度も顧問をしたいか」尋ねたところ、約半数の教師が「したくない」と答えました（図１―２）。経験もなければ持ちたくもない部活動指導に、半数の教師が「お願い」という建前のもと、半ば強制的に従事させられているのです。部活動の担当は毎年コロコロ変わることが常ですが、興味のない競技のルールや指導方法を毎年一から勉強しな

**来年度の部活動顧問の希望**（現在顧問に就いている教員のみ）
N=2,894（中学校教員）

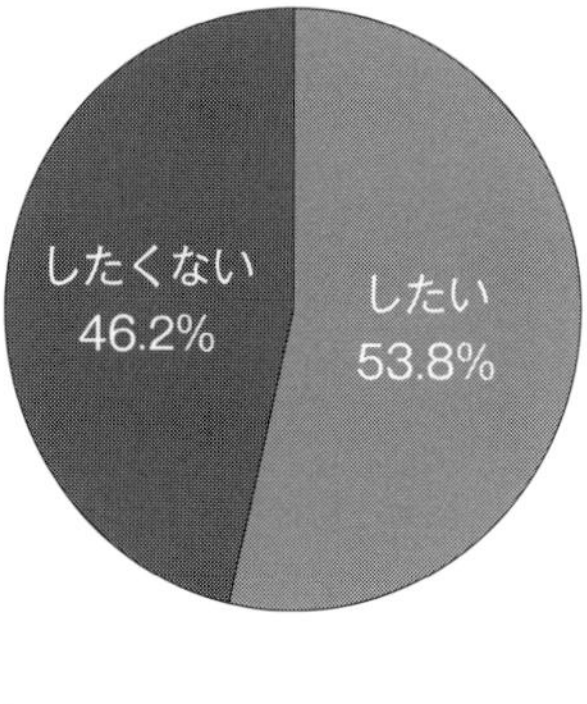


**図1-2** 内田良ほか「中学校教職員の働き方に関する意識調査」より

ければなりません。本当は専念したいはずの、授業準備が十分にできていない中で、です（図１―３）。

問題の２つ目は、一度顧問に就くと莫大な時間を部活動に割かなくてはならないことです。特に運動部の場合、安全配慮義務から活動中はつきっきりを求められることもあります。「本当は授業準備がしたいのに、毎日数時間コートに張りつかないといけない。素人なので見ていることしかできない」といった声をよく耳にします。そもそも教師はスポーツ指導者ではなく、教科指導の専門家として採用されています。限られた人的資源である教育職員の限られた時間資源を、壮大に無駄遣いしています。

３つ目は、顧問を引き受けたらほとんどの場合、高校体育連盟や高校文化連盟（以下、高体連・高文連。中学校の場合は中体連・中文連）に所属を余儀なくされるということです。大会の多くは、高体連や高文連に所属する各学校の顧問が協力して開催します。学校内で顧問を引き受けた

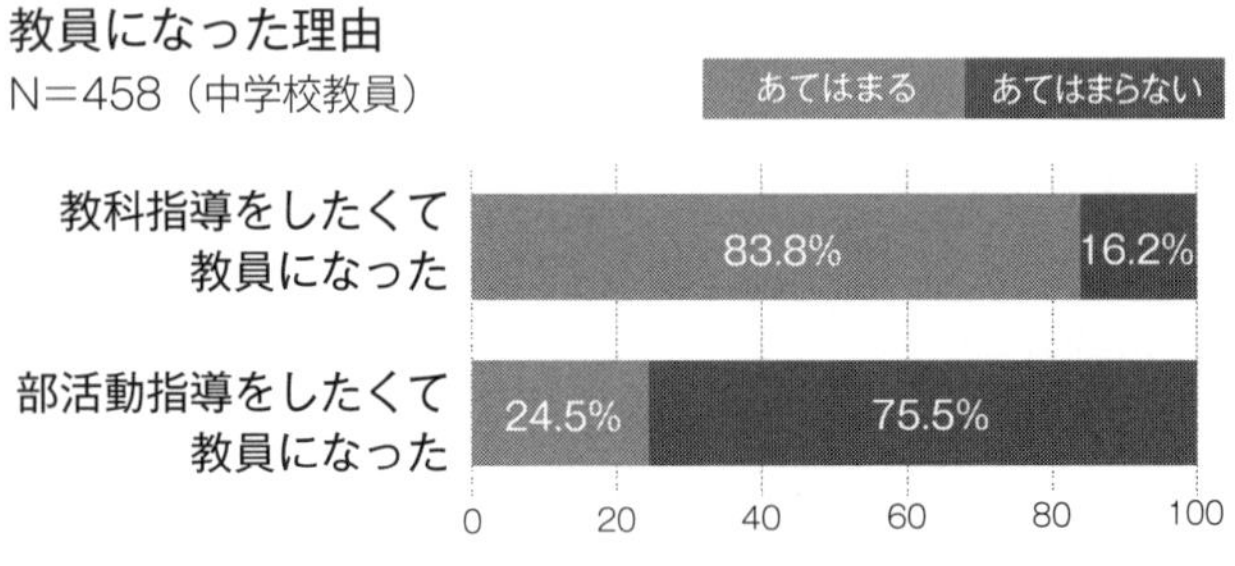


**図1-3** 「教員になった理由」について、「教科指導をしたくて教員になった」83.8%。「部活動指導をしたくて教員になった」24.5%。（学校の業務に関する調査より）

ら、学校を超えたこうした仕事もセットで引き受けないといけないのです。試合に行けば、大会運営や審判も求められます。こうした仕事を担っても、基本的に手当が出るわけでもなければ、校内の仕事が軽減されることもありません（「役員」という重役に就けば校内の仕事が軽減されることがあります）。

4つ目は、それでも事故等何かあったときには、責任が大きく問われるということです。

さて、これら全ては前述の通り、ある驚くべき事実に基づいて発生しています。その事実とは、「部活動顧問は管理職からの命令ではなく、自発的に志願して引き受けた扱いになっている」ということです。

## 「給特法」の問題

実は部活動顧問を含め、教師には残業命令が出せない仕組みになっています。

これは、公立教員のみに適用される「給特法」という法律に関わる話ですが、この法律には、「原則として教師には残業を命じてはならない」旨が記されているのです。

命じてはならないのに、なぜ残業が発生しているの？

これに関する司法判断は、「教師が行っている残業は命令に依《よ》るものではなく、管理職からの『お願い』を受けて『自発的』に行っている」というものです。

法的にそういう扱いを受けているからといって、管理職から「これはお願いですが、やってくれますか？　やってくれませんか？」という打診があるわけではありません。ほとんどの業務は管理職からの命令に見えて、引き受けたら最後、「教師が好きで行った扱い」にされてしまうのです。

何たる闇残業……。この事実を知ったときは、さすがに私も教師を辞めたくなりました。

改めて、この「給特法」とは一体どういった法律なのでしょうか。

給特法は１９７１年に制定、翌年（１９７２年）施行された、正式名称「公立の義務教育諸学校等の教育職員の給与等に関する特別措置法」という法律です。これはその名の通り、公立教員のみに適用される「特別措置法」で、私立教員や国立大附属教員には適用されません（ただし国立大附属教員は国立大学が法人化される２００４年までは給特法の適用下にありました）。

この法律の要点は、次の通りです。

①公立教員は特殊である。それゆえ……

②公立教員には原則として残業を命じない

③残業命令が可能なのは「生徒実習・学校行事・職員会議・非常災害等」の４つの臨時ま

たは緊急時に限られる
④残業代は支払わない
⑤これら「特別措置」の代わりとして月給４％を「教職調整額（残業代ではない）」として支払う

①の「公立教員は特殊」とはどういうことでしょう？

これは、「公立教員はほかの労働者と違って、それぞれの判断で自発性・創造性を発揮してこそ、よりよい教育活動ができるというものです。だから管理職からの命令は行わないことにします。それに放課後は割と自由に過ごせるし、夏休みだって十分あるでしょう？　あんまり残業だ、残業代だと考えず、それぞれの判断で自由に働いたり、時には好きに残業したりしてください」、こういった考えに基づいているのです。法律ができた50年前ならいざ知らず、「夏休みがある」「自己の判断で自由に働ける」など、今の学校現場はそんな状況にありません。

また、⑤の「４％」という数字は一体何なのでしょうか？

これは、給特法成立のさらに5年前、１９６６年に教員勤務に関する全国調査を行ったら、平均して月8時間ほどの残業が発生していたことから設定されたものです。当時は今と違い週６日勤務だったのですが、一日にすると約20分の残業。これが「教職調整額４％」の根拠なのです。

こういうふうに説明すると、「なるほど、教師は『固定残業代』として4％分の残業代が前払いされているのだな」、と理解する人がいるかもしれません。

確かに、企業の中には固定残業代制度を取っているところがあります。固定残業代（みなし残業代）とは、毎月の残業分を見越して、あらかじめそれに見合った残業代を支給しておくという制度です。仮に教職調整額も固定残業代だとわかりやすくて、残業が4％分を超えたら追加の残業代を求めることができます。固定残業代とは本来そういう制度なのです(注)。給特法による教職調整額が固定残業代ならば、今の労働実態に合った残業代を追加請求したらよいのです。

しかし、4％の教職調整額というのは固定残業代とは違います。なぜなら、給特法の驚きの大前提は、「残業命令は存在しない」。すなわち「残業は（法的には）存在していない」ということだからです。

現に残業が発生していたとしても、それは命令を受けて行っているものではなく「自発的勤務」、すなわち「教師が好きで行った扱い」。

教職調整額とは、そういった全ての特殊扱いに対して支払われる「手当のようなもの」であり、どこまで行っても残業代ではなく、残業時間がどれだけ増えても追加の補償も何もなされないのです。

これゆえ給特法は近年、「４％定額働かせ放題」と呼ばれています。しばしば「やりがい搾取」とも呼ばれる始末です。

残業は労働ではなく、自発的勤務。

これが他職や私立教員、国立大附属教員には見られない給特法による「ブラック残業」であり、この法律の最もえげつない部分です。「残業していても、それは残業（労働）とは認めません」、これを法律が支持してしまっているのです。この扱いは、全ての職業の中で公立教員だけに存在する「特殊」な……その実「異常」な扱いと言っても過言でありません。

なお「自発的勤務」という言葉は、２０１９年の中教審答申で示された造語です。給特法の下で行う公立教員の残業について、国の審議会は改めて次のように定義したのです。

> 「自発的勤務」は、管理職からの超過勤務命令の下で行っているものではないものの、そのほとんどが、教師が自らの校務分掌等を踏まえて実施しているものであり、それぞれの教師としては業務としてやらなくてはならないものとの意識から行っていることが実態となっている。（中央教育審議会「新しい時代の教育に向けた持続可能な学校指導・運営体制の構築のための学校における働き方改革に関する総合的な方策について（答申）」２０１９年1月25日、44頁）

やらなくてはならないものではあるが、管理職からの命令はない。「勤務」ではあるが「労働」ではない。学校のためにと残業する働き手のプライドをズタズタにする、非情な扱いだと感じます。

繰り返しになりますが、２０２２年度に行われた国の調査によると、教諭の１ヶ月平均残業時間は持ち帰り仕事を含めずに小学校64時間48分、中学校83時間44分、高校64時間52分。教職調整額４％の根拠となった１９６６年の調査と比べると、残業時間は8～10倍です。

（注）固定残業代制度を取っている会社でも、「超過分」の残業代を支払わないケースがあり、そういった会社は「ブラック企業」として問題となっています。

## 自発的勤務の問題点

こんなにも膨大な残業が発生しているにもかかわらず、それが「自発的勤務（教師が好きで行った扱い）」とみなされる問題について考えます。

公立教員の残業が「自発的勤務」とされることの問題は、大きく4点挙げられます。

第1に、自発的勤務は「好きで行った扱い」であるので、どれだけ膨大な残業を行っても、残業代は0円です。4％の教職調整額が残業代でないことは前述の通りです。

第2に、残業の責任者が不明確なことです。残業が「自発的勤務」である限り、突き詰めて考えれば、残業の責任は働いた教師本人に帰せられてしまうでしょう。

それに付随することですが、第3は、司法に訴えても勝てないことです。無賃の長時間勤務に耐えられなくなり、えいやと裁判を起こしても、「給特法があるから残業代の支払いはありません」「管理職からの残業命令はなく、あなたが好きで行ったものです」と判断されています。給特法は法廷では使用者側（校長および教育委員会）を守る「無敵の盾」となっているのが現状です。

第4に、最悪の場合、過労から死に至ったとしても、それすらも自己責任にされてきた歴史があるということです。教師の過労死遺族に、工藤祥子さんという方がおられます。祥子さんは2007年6月25日、中学校教師だった夫の義男さんを亡くされました。義男さんが倒れたのは、3日間の修学旅行から帰ってきた直後のことでした。修学旅行中、一日19時間勤務の日もあったほどだといいます。

義男さんの死後、同僚の勧めもあり、祥子さんは「夫の死は過労が原因であった」として公務災害を申請しました。しかし2年後に出された結論は、「不認定」。

その後、祥子さんは裁判でいうところの二審に当たる「審査請求」を行います。より細かくパソコンのログイン・ログオフの記録などから夫の実労働時間を割り出し、1ヶ月の残業時間が最大２０８時間あったと申請しました。その結果、義男さんの死から実に5年半がかかってようやく過労死であることが認められましたが、認定された残業時間はわずかに97時間。１１1時間分は証拠不十分か、「それは好きで働いたことです」と扱われてしまったのです（注）。

さて、これら4つは自発的勤務の扱いが教師の健康や尊厳を傷つけてきたという例です。

それとともに、教師だけでなく子どもや社会全体に関わる大きな問題として、自発的勤務の扱いのままだと「教師の長時間勤務が改善しない」「人手が増やされない」ということがあります。

（注）「過労死が過労死と認められない問題」については、解決に向けた進展も見られます。工藤祥子さんが公務災害担当を務めた全国過労死を考える家族の会などの粘り強い活動の結果、近年学校にもようやくタイムカードが入るようになり、自発的な残業を含めた「在校等時間」の管理・監督が管理職の責任と明記されるなど、改善が見られるようになってきました。

例えば、２０２1年に文部科学省が示した学校勤務に関する「Q&A」には、次のようにあります。

「給特法の仕組みにより、所定の勤務時間外に行われる『超勤4項目』以外の業務は教師が自らの判断で自発的に業務を行っているものと整理されますが、学校の管理運営一切の責任を有する校長や教育委員会は、教職員の健康を管理し働き過ぎを防ぐ責任があり、こうした業務を行う時間を含めて管理を行うことが求められる」（文部科学省「公立学校の教育職員の業務量の適切な管理その他教育職員の服務を監督する教育委員会が教育職員の健康及び福祉の確保を図るために講ずべき措置に関する指針に係るQ＆A」２０２１年６月改訂版、５頁）

## 長時間勤務は子どもの不利益

本来これだけ残業が発生し、「労働力」が不足しているのであれば、教師なり事務職員なりを増やして対応せざるを得ないところです。教師の超過勤務が正しく「労働」とみなされたなら、残業にはおよそ１・25〜１・５倍の割増賃金を支払わなくてはなりませんが、それを払うくらいならもうひとり追加して雇った方がよいという判断が生まれます。ところが残業を労働と認めずに、「本人が好きで働いた」と言い張ることで、人を増やさずに今いる人員を極限まで使い倒すことが可能となるのです。

人手が増えないならば、せめて仕事を減らすしかないわけですが、「残業代支払い義務がない」「管理職責任にもならない」となると、使用者側に残業を減らさなくてはという意識が働きません。多くの校長は、「私は早く帰るよう呼びかけているが、教師は自ら子どものためにギリギリまで頑張ってくれている」と主張することでしょう。

「教師の数が増えない」「残業も減らない」ことによる影響は、教育の質の低下や、教員志望者の減少という形で、じわりじわりと社会全体に不利益をもたらしつつあります。

学校の業務に関する調査では、長時間勤務であればあるほど準備不足のまま授業をしていたり、いじめ発見に不安を抱えていたりすることが明らかになっています。例えば、週40〜59時間という過大な実残業が発生している小中学校教員は、実に81・９%が「いじめを早期発見できているか不安だ」と回答しているのです。また同様に、過大な残業を抱えている小中学校教員の70・１%が「準備不足のまま授業に臨んでしまっている」と答えています（回答者全体では62・６%、前掲図１―１）。忙しさを放置することは、授業の質やいじめ対応が十分になされないという形で、子どもに悪影響を及ぼすことがエビデンスとして示されているのです。

また、長時間勤務とそれに見合わない待遇の悪さが大きな原因と考えられますが、教員採用試験の倍率も下がる一方です。文部科学省（以下、文科省）の調査による最新の教員採用倍率は、小学校で全国平均２・５倍と、４年連続で過去最低となりました（文部科学省「令和４年度公立学校教員採用選考試験の実施状況」）。

これは２０２１年度に実施された採用試験についてであり、全国の採用試験の速報値をいち早く伝える時事通信社の集計によると、２０２２年度に行われた教員採用試験ではさらに低下、小学校では１倍台の自治体が全国66のうち約半数の30に上ります。九州地方のある県では２０

０名募集のところ応募者がわずか２０８名、当日欠席者がいたために、実質「定員割れ」が起きてしまいました（時事通信社「２０２３年度（２０２２年夏実施）教員採用試験の受験者数・合格者数・倍率の速報値」２０２３年１月20日時点）。

もはや「誰でも教師になれる時代」になってしまったと言っても過言ではない状況です。

## 部活動問題に抗ったら

採用されてから3年後の２０１５年、私は定時制高校から全日制高校に異動し、部活動顧問の問題に直面しました。

異動に際し、多くの学校では部活動に関する希望用紙が配られ、運動部と文化部それぞれ２～3ずつの「希望」を書かされます。「希望しない」という項目はありませんので、顧問を自ら志願したという証拠を残すためのような用紙です。

しかし私が赴任した学校では、「用紙は配布しません。特に希望を伝えたい方は校長室まで来てください」と言われました。勇気を振り絞って校長室に入ると、私から話をする間もなく、校長から開口一番「あなたには吹奏楽部を持ってもらおうと思っています」と告げられました。無論、私が希望したものではありません。

恐る恐る、「吹奏楽部は一番活動時間が多い部ですよね？」と尋ねました。校長は「大丈夫、土日とも活動しているが、顧問はひとりではないから、あなたは毎週土曜日に一日学校内にいてくれるだけでいい」と言いました。

『その言葉って違法な残業命令なんじゃ……』と言いたいのを堪《こら》えながら、えいやと尋ねてみました。「それって、職務命令ということでしょうか？」

その場が凍りつきました。管理職の口から「そうだ、命令だ」とは言えないのです。なぜならそれは平日の勤務時間外や土曜日の残業命令を出すことにほかならず、給特法に違反してしまうからです。また「命令ではない」と言えば、「ではそのお願いは断らせていただきます」と私に逃げられてしまいます。

果たして校長が何と答えたか。

「部活動顧問が職務命令かどうかは、私にもわからない。しかし教師には、これを職務だと思って従事してもらいたい」

（ギャフン）と心の中で叫んでしまいました。明確な職務命令を出さずに回答を保留したまま、教師の自発的な勤務に落とし込む、管理職として満点の答えだったからです。

それにしても、何て理不尽なはぐらかし方でしょう。

しばらく経ったある年には、こんなことがありました。新年度4月1日の職員会議で、ある教師が「部活動顧問は職務命令ではなくお願いに過ぎないのだから、今年度はもう顧問を持ちません」と宣言したのです。少しずつではありますが、部活動を疑問視する動きが広がっていました。校長は困った様子で、「顧問を持たないということが可能かどうか、教育委員会に問い合わせてみる。少し待ってほしい」と言いました。

数日後、校長から返答がありました。「申し訳ないが、部活動顧問は勤務時間内に限り職務命令が可能ということです。顧問を拒否することは許されません」。

言い出した教師は怒りで顔を真っ赤にしましたが、俯《うつむ》いたまま校長に従うように見えました。

私は居ても立ってもいられず、とうとう手を挙げてしまいました。

「勤務時間内は職務命令だと言って顧問を引き受けさせ、結果的に残業となる部分は自発的に行ったと言う、そんな扱いは到底受け入れられません。そんなふうに顧問を押しつけるのであれば、私こそ顧問を辞めさせていただきますので、ついては職務命令を破ったかどで私を処分してください」

校長はほとほと困り果て、最後にこう述べました。「職務命令だと言ったことは撤回する。必要なら土下座もするので、顧問のお願いは引き受けてほしい」。

私は引き下がりましたが、とても後味の悪い一件でした。

## 仕事を干される

部活動以外の業務についても、自発的勤務に疑問を呈したらどういうことになるか……。真に給特法の恐ろしさを思い知った一件があります。

ある年、私は時間割係の担当を打診されました。これは、学校内の全ての業務の中で最も面倒な仕事であると言っても過言ではありません。4月に全教員の1週間分のベース時間割を作り、教師が出張したり年次休暇を取るのに合わせて毎週毎週時間割を変更する、何の面白みも達成感もない割に時間だけ浪費するような、それでいて時間割を変更するたびに誰かから文句を言われるような、校内罰ゲームのような仕事でした。

私はあえて、この担当を引き受けることにしました。

ある作戦を思いついたのです。

面倒な仕事を引き受ける代わりに、こうした「せざるを得ない残業」について、残業分を別日に早帰りさせてもらえるよう、勤務時間の調整をしてほしいと校長に交渉したのです。実はこういった「勤務の割り振り」という残業回復のシステムが、給特法の中に存在します。私が求めたのは自分だけではなく、全教員の「せざるを得ない残業」の回復でした。

さて、このように自発的勤務を自発的勤務のまま終わらせないように交渉したら、一体どうなったでしょうか。

何と、私には時間割係の仕事だけは課されたものの（ほかに引き受け手がいなかったのでしょう）、それ以外の私が担うはずだった仕事は会議直前に白で塗り潰されてしまったのです。つまり、私ひとりだけはかろうじて残業が発生しないよう業務量を調整しつつ、塗り潰された仕事は全てほかの教師に割り振られてしまいました。ほかの教師は私のように主張しませんから、自発的に残業を引き受けた形となり、結局、残業時間の回復を与えられることはありませんでした。

つまるところ、主張した人だけは仕事がなくなり、なくなった仕事は自発的勤務の名目でほかの教師に割り増しされる。全教員が一斉に異議を唱えない限り、一人や二人が管理職と闘ったところで、「闘った人だけが得をする」。それが給特法下の働かされ方なのです。

今となれば、管理職としてもそうせざるを得なかったのだろうと思います。誰かが「自発的勤務はしない」と言い出し、それでも管理職がその教師に時間外まで及ぶ仕事を与えたら、法令違反の残業命令を出すことになってしまいます。それは不可能ですから、文句を言わない別の教師に仕事を割り振るしかないのです。

給特法の下では、自己主張がし難い「立場の弱い教師」が、大変な仕事を引き受けることになります。立場の弱い教師とは、若手教員と、正規教員ではない講師の先生です。思い返せば、私も初任者の頃はそうやっていくつもの事務仕事を担わされていました。教員の採用倍率が下がる一方だったり、講師のなり手が見つからずに各地で「教員不足」が起きているのは、「立場の弱い者に厳しい」給特法が災いしていることは、現場にいる者にとって「常識」だと思います。

　このようにひとり、教育現場の矛盾と闘う中、何かにつけて面倒を見てくれた定年間近のベテラン教師が、ある時こう言いました。「西村君の気持ちはよくわかる。私もね、ずっと解せない思いを抱えて、長年働いてきたんだ。でもね、よく考えてごらん。校長にもどうしようもないことがあるんだ。校長だって可哀想じゃないか」。

「校長だって可哀想！」。この発想は私にはありませんでした。

　確かに給特法の下で、自発的勤務を強《し》いられる教師も苦しければ、残業命令を発することができない管理職だって苦しいに違いありません。残業などは発生しないに越したことはないのですが、どんな職業であれ、業務の繁閑に応じて残業が生じてしまうことはあります。本当に必要な残業ならば、事前に協定を結んだ上で、管理職責任のもと相応の対価を支払い残業命令を出す。これが労働の歴史の中で到達した現時点でのスタンダード（労働基準法、以下労基法）なのです。そうした労基法の原則から外れたところにあるのが、「残業命令は出せない、発生した残業は自発的勤務」という給特法なのです。

最後にベテラン教師は、こう言いました。

「そういうことを訴えるならば、国に言うしかないよ」

その先生は冗談のつもりだったのでしょう。しかし、私はこう思ったのです。

「そうか、国に訴えればいいのか！」

## ツイッターで発信を始める

給特法の下で矛盾を抱えたままいがみ合うのではなく、とっくの昔に機能不全に陥っている給特法そのものを変えるべきではないか。悩んだ結果、それが私の辿《たど》り着いた結論でした。

人を憎まず、法を憎むべきなのです。

しかし法律を変えるといっても、どのようにしてこの問題を社会的議論にすればよいのでしょう。

ところで、私は歴史の教師です。歴史の教科書には、過去の出来事から今に活かせるヒントがたくさん見つかります。

ルターという人物をご存知でしょうか。16世紀のドイツで「宗教改革」を成功させたとして、世界史の教科書に登場する人物です。

中央権力が弱体化して混沌とした中世ヨーロッパ世界で、人々の心の支えとなったのがキリスト教のカトリック教会でした。しかしそれは次第に絶対的な権力と化し、そこにあぐらをかいた教会組織は「腐敗」していったと言われています。教会組織のトップに君臨したある教皇は、「教皇権は太陽、それに比べて皇帝の権力など教皇の光を受けないと輝けない夜空の月に過ぎない」と豪語しました。その太陽のような絶対権力に対して、「教会は間違っている」とたったひとりで改革を訴えたのが、一介の大学教授マルティン・ルターでした。

しかし実はルターの前に、教会権力を批判した人物としてチェコのヤン・フスという大学教授がいたのをご存知でしょうか。フスが宗教改革を志したのは、ルターの１００年前。つまりルターよりも、もっともっと早く、同様の主張を行った人物がいたのです。彼がなぜルターほど知られていないかと言うと、あえなく絶対権力に破れ去り、公開火炙りに処せられてしまったからでした。

フスが処刑された一方で、ルターが宗教改革に成功したのはなぜでしょう。それは、ルターがメディアの活用に成功したからです。

フスの時代とルターの時代、一世紀の隔たりで何が起きたかと言えば、活版印刷機の登場です。これはヨーロッパの歴史に初めて登場した、ブドウの搾り機を改良した手動の印刷機でした。これにより、それまで一部の人しか入手できなかった聖書の大量印刷が可能となったのです。ルターは活版印刷機という新しいメディアをフル活用しました。人々が読みやすいように聖書をドイツ語に翻訳し、それを大量発行したのです。人々は生まれて初めて聖書を手に取り、やがて教会の欺瞞《ぎまん》に気がついたといいます。

ルターひとりの力では決してなし得ませんでした。ルターが発信した「真実」から多くの人々が声を上げ、「宗教改革」が起き、カトリック教会も組織内改革を余儀なくされたのです。

情報こそが社会を動かすのです。

２０１６年8月15日、私は21世紀の新しいメディアであるツイッターに目をつけ、情報発信を始めました。さすがに実名では学校から目をつけられて止められるだろうと、「斉藤ひでみ」という仮名を使うことにしました。仮名の由来は、小学2年生の時に産休代替として担任を8ヶ月間だけ受け持ってくださった、講師の先生の名前です。私にとって忘れ難い「熱血先生」で、「あの先生のように誰かの支えになれたら」とささやかな願いを込めました。

ひとたびツイッターで発信を始めると、瞬く間にフォロワーが増え始め、名古屋大学教授の内田良さんという気鋭の教育社会学者や、全国にいる改革を志向する教員仲間と繋がり合うことができました。

## 覆面記者会見

発信を始めてから約1年後。２０１７年6月から、文科省の設置する中教審で、「学校における働き方改革特別部会」の審議が始まりました。

何たる天佑《てんゆう》（天の助け）！

現場で限界を感じる中で、この問題に関する国の議論が始まったのです。その報せを聞いた私は、「これはもしかして抜本的な学校改革が始まるのではないか」と期待を胸に、傍聴に駆けつけました。

人生初めて目にする国の審議会というものは、驚きの連続でした。十数名の委員が代わる代わる発言を行います。しかし、委員同士が侃々諤々《かんかんがくがく》の議論を行うのではありません。各論点について意見のある委員が挙手をし、それぞれ3～4分程度の持論を披露し合うのです。時間の都合上そうした進行は止むを得ないとしても、一番残念に感じられたのは、そこに座っていた委員が大学教授や研究者、教育長や校長ばかりで、現場で長時間勤務に苦しむ当事者の教諭がひとりも見当たらないことでした。

そしていつまで経っても、一番議論してほしかった給特法と部活動顧問の問題が議題に上がる様子はありません。

傍聴席から手を挙げて発言したい衝動に駆られつつ……誰かが現場の思いを国に届けなくてはならないのではないか……そんな悶々とした思いを抱き続けたのです。

どうすれば、現場の声を国の審議に活かしてもらえるでしょう。傍聴席からわずか数十メートルの審議テーブル。それは万里の隔たりのように感じられました。「現場の人間に発言権なし」、それがその場にいて痛感させられたことだったのです。

この時から2年後。私は国会に呼ばれて教師の働き方について意見を述べることになりますが、それはまだ少し先の話です。

ともかく、この審議会傍聴から私はさまざまな挑戦を開始することになりました。最初に思いついたのが、「そうだ記者会見を開こう」ということです。ツイッターよりもさらに強力なメディアに取り上げてもらえたらと思ったのです。

２０１７年当時、ツイッターで声を上げていた教師は今ほど多くはありませんでした。その中でも特にフォロワーが多かった6名の教師に声をかけ、私を含めた「７人の侍」で始めたのが、「現職審議会」というプロジェクトです。

現職教員が（勝手に）集まり（勝手に）審議会を開催し、現場から国に働き方改革の具体策を提案しようというものです。

「（勝手に）現職審議会　設立宣言」

国が定める中教審「学校における働き方改革」の審議には、十分に満足できていません。私たち現職教員は勝手に集まり、話し合いを行なうことにしました。

私たちは、授業を中心とする本務に責任と誇りを持ちたいと考えています。次期指導要領が求める「深い学び」を実現するために、私たち教員も絶えず学び続けたい。そのために、過労死ラインが常態化している現状をどう改めるべきか。当事者として私たち現場の教員も真剣に議論します。

メンバーは皆、学校でさまざまな業務を抱え働いていました。子育て中の教師もいました。まさにそういった「普通の教師たち」の思いを具現化したいと思いました。住んでいるところが全国バラバラの私たちは、当時普及し始めたばかりのオンライン会議室に集まりました。皆の都合が合う時間帯ということで毎週金曜の夜、しばしば深夜に及ぶまで、侃々諤々の議論を重ねました。

そして、１ヶ月後。

私たちは「５つの問題」を発表します。宗教改革のルターが最初に取った行動は教会の門扉に「95箇条の論題」という問題提起を貼り出すことでしたが、その故事になぞらえ、次のような文書をインターネット上で発表したのです。

**「現場教員が抱える5つの問題」**（2017年9月29日）

①授業を準備する時間がありません
　授業を準備する時間が、勤務時間中に全くと言ってよい程ありません。準備ゼロで授業をしたらよいのでしょうか。

②休憩時間がありません
　休憩時間に休憩できません。また、学校は勤務開始前に生徒が登校し、勤務終了後も2時間程生徒の活動時間を確保しています。帰れません。

③年間1兆円もの不払い残業があります
　教員には原則残業を課さないという法律になっているにも関わらず（給特法）、残業代に換算して1兆円に相当する無償の超過勤務が発生しています。

④意に反して部活の顧問が強制されます
　正式な職務とは捉えがたい部活顧問が強制され続け、本務を圧迫しています。顧問をする・しないの選択権は事実上ありません。

⑤労務管理が機能していません

労基署は学校現場に入りませんし、労基署に代わる人事委員会・公平委員会もほとんど機能していません。どうやって違法な実態を取り締まるのでしょうか。

この文書で、現職審議会はルターよろしく一躍有名になりました。と誇張したいところですが、実際には労働問題に関心を持つ教師の間でちょっとした話題になったというところでしょうか。しかし間もなく新聞記者が嗅ぎつけてくれて、私たちの活動は記事になりました。それがＹａｈｏｏ！ニュースのトップページに掲載されたものですから、本当に騒ぎが大きくなっていきます。

「５つの問題」発表から１ヶ月後。

私たちは都内某所に集結しました。その日、中教審が行われる隣の隣の部屋で、念願の記者会見を行うことにしたのです。

建物に入ると、電光掲示板のその日の予定に「中央教育審議会」と並んで「現職審議会」の文字がありました。中教審の傍聴にやって来た人は、一体何の冗談かと思ったことでしょう。現役教師がこんな大胆なことをしでかしては、文科省や教育委員会から「火炙り」にされてもおかしくない……。内心、そんな不安と闘いながら、葬り去られないくらい騒ぎを大きくしてやろうと、心の炎を燃やしました。

果たしてどれだけの記者が集まるだろうと不安でしたが……。

開始30分前には続々とメディア関係者がやって来るではありませんか。それもこれも、Ｙａｈｏｏ！ニュースでトップに扱ってもらった効果でした。最終的にはテレビカメラ3台を含め、30名ほどの報道関係者が詰めかけました。想定していた席数では足りず、急遽新しい机と椅子を倉庫から引っ張り出してもらったほどです。

大量のシャッター音が響きわたる中、大きく息を吸って……。

私は、マイクに向かって給特法の問題を語り始めました。

中教審の皆さん、給特法の改正について議論してください。教員の働き方改革をうたう審議の中で、給特法改正について議論しないというのはありえません。仮にこれを議論しないで審議を閉じるとすれば、この中教審というものは単なるパフォーマンスであって、私たち教員のことを考える気持ちがゼロであったということになります。

給特法というのは、教員には時間外勤務を命じない、だから時間外手当は払わないという法律で、その代わりとして給料に4％が上乗せして支払われています。今から46年前（会見時）に作られました。誰がどう見ても、現在の実態とかけ離れています。しかしこの法律があることで、私たちがいくら時間外勤務をしても、全ては「教員が自ら望んで行った自発的行為だから」と片付けられてしまっています。過労で倒れても、自己責任です。

4％の割合を現状に合った形に見直せと言いたいわけではありません。私たちは、お金が欲しくってそんなことを言っているわけではないからです。残業にはきちんと残業代が出るという法体系に変え、そのことで今の無限の残業に歯止めをかけてほしいということです。

（現職審議会記者会見、２０１７年11月６日）

## オンライン署名活動

記者会見は顔を隠し音声を変えてもらった「覆面」会見だったのですが、それでもニュース番組や翌日の新聞に多数扱ってもらうことができました。「給特法を見直してほしい」「部活動顧問の問題を議論してほしい」、そんな現場の思いが一定程度、世の中に伝わったと感じた瞬間でした。

初動に成功したとして、大事なのはそれからです。会見から2ヶ月後の年末、私たちは今後の活動について話し合うオンライン会議を行いました。

ところが、意外なことが起きました。その席上、メンバーの数人が、「現職審議会の活動はここまでにしたい」と脱退を表明し始めたのです。

理由はさまざまでした。伝えたいことは全て伝え切った、あとは国の審議に任せるべきだと言う人がいました。「正直慣れないことに疲れてしまった」と言う人もいました。

また7人でひとつの提言を作るのに、意見の相違も否めませんでした。とりわけ給特法については、「改正すべき」と訴えつつも、さっさと廃止してしまった方がよいという意見もあれば、給特法にはよい面もあるのだから廃止までは求めない方がよいという意見もあったのです。

給特法のよい面って？

そう思われるかもしれませんが、給特法は「管理職は残業命令を出さない」という法律であるので、腹をくくれば残業を拒否することも可能であると……。それを残したいという考え方も、教師の間にはあるのです。

話し合いを進める中で、私は再度ひとりで立ち上がらなくてはならないと思いました。ここで訴えをやめて姿をくらませても、真に学校改革が進むとは到底思えなかったからです。当時すでに社会的議論となっていた部活動顧問の問題はともかく、給特法については誰かが動き続けなくては、話題になることはないだろうと思いました。

ほかの誰かがやってくれるのであれば、私が動く必要はないかもしれません。しかし誰もやらないのであればこそ、自分がやらなくてはならないのです。給特法の問題はこの先、絶対に盛り上げなくてはならない、教育問題の一丁目一番地だと私は確信していました。

しかし今度はたったひとりになってしまって、一体何ができるというのでしょう。

私にはひとつの考えがありました。当時利用者を増やしつつあった署名サイトChange.orgによるオンライン署名活動を始めてみようと考えたのです。

オンライン署名とは、専用のウェブサイトを通じて行う新たな署名活動の形です。呼びかけ人が社会に訴えたい内容を掲載すると、そのページを見て賛同した人が住所等の個人情報を入力し、「署名」を行うのです。

従来の紙署名と違うのは、署名した人がツイッターやフェイスブックといった自身のＳＮＳアカウントで署名を拡散できる点です。オンライン署名が数を伸ばすかどうかは、訴状の中身とタイトルにかかっています。記事やツイートが「バズる（話題になる）」のと同じで、訴求力が高い文章ならば、それを見た一人ひとりが主体的に動き出し、自然とムーブメントが形成されるのです。組織的運動ではなく、インターネット上の個人個人が集まり、社会を動かす。極めて今日的な市民活動の形と思います。

記者会見から４ヶ月後の２０１８年２月末。私は文部科学大臣や中教審に宛《あ》てて、次のようなオンライン署名を始めました。

**「子どもたちに教育の質を保障するため、ブラック残業の抑制を！　教員の残業代ゼロ法『給**

## 特法』を改正してください！」

署名の内容は、「せざるを得ない残業が自発的勤務として処理されるのはおかしい。残業は労働として認め、対価を支払い、そのことでもって無限の残業に歯止めをかけてほしい」というものでした。

しかし、一抹の不安がありました。２０１８年当時、「給特法」という言葉はテレビ番組ではもちろん、新聞でも全くと言ってよいほど目にする機会のない、マイナーな法律だったのです。公立教員に残業代が支払われていないことも、学校外ではほとんど知られていませんでした。

そんな状況の中で、教師以外を巻き込み、この問題を社会の関心事にするためにはどうしたらよいのでしょう。

## パワーワード「定額働かせ放題」

実際に、署名は最初伸び悩みました。しかしその後、大きく数を増やすきっかけとなったことが2つあります。

ひとつは、当時の社会的議論にフックをかけたことです。

ちょうどその頃、２０１８年の通常国会が開かれており、その中で民間の「働き方改革関連法案」が審議されていました。社会全体で働き方改革が叫ばれるきっかけになった議論で、その年の通常国会は「働き方改革国会」とも呼ばれていました。しかし法案はと言えば、「残業上限に厳しい罰則規定を設ける」などが歓迎された一方で、ある問題が指摘されていました。一括法案としてパッケージ化された中に、「高度プロフェッショナル制度」「裁量労働制の拡大」といった、「特定労働者について残業代をなくしてしまおう」という「改悪」部分が含まれていたのです。その改悪部分が「残業代ゼロ法案」「過労死推進法案」と指摘され、国会は紛糾していました。

残業代ゼロ法？　それって給特法と同じでは？

と思ったら、その通りです。私はこの社会的議論にフックをかける形で、「残業代ゼロ法はすでに公立学校で半世紀前から施行されている！」「その結果どうなったかを知ってほしい！」との趣旨で署名を呼びかけたのです。教師に起こっている問題を世の中全体の議論とリンクさせて、教師以外の人にも給特法問題に価値を見出してもらおうと考えたのです。

もうひとつは、誰もがこの法律の問題点をひと目で理解できるパワーワードを用いたことです。

ちょうどその頃、現職審議会や署名活動が認められ、書籍執筆の話が舞い込みました。本作りについて右も左もわからなかった私は、名古屋大学の内田良さんに参加してもらえるよう頼み込みました。その本のタイトルとして、内田さんや編集者と散々議論して入れ込むことにしたのが、「定額働かせ放題」という言葉です。

「定額働かせ放題」自体は、前述の「高度プロフェッショナル制度」「裁量労働制の拡大」を批判する言葉として以前から使われていたものでした。しかし、「元祖『定額働かせ放題』は給特法だ！」と、このフレーズを借用して発信する戦略を取ったのです。

２０１８年6月、身元を明かさないまま仮名で緊急出版した初の著作を、『教師のブラック残業～「定額働かせ放題」を強いる給特法とは?!』（学陽書房）といいます。

実のところ、本のタイトルについて出版社からは「『給特法』を入れると売れない」という懸念が示されていました。知名度のない難しい法律の名前が前面に出ると、読者に敬遠されると考えられたのです。

が、編集者と何度も話し合い、「10年後に必要な本となるよう、『給特法』で検索したらヒットするタイトルにしておきたいんです」との意見を飲んでもらいました。編集者も最後には、「この本は売れなくても世に出すことに意味がありますね」と腹を括ってくれました。

「「定額働かせ放題」。公立学校教員の長時間労働を、そう例えて改善を訴えている教員が、教育現場の実情をまとめた本を出版した。授業の質を落とさないためにも、働き方の見直しが必要だという」

（朝日新聞「脱『定額働かせ放題』訴える本　教育現場の実情　教員ら克明に」２０１８年８月15日）

いざ本が出ると、この問題に火をつけたかった記者が多かったのだと思います。私たちには次から次へと取材が舞い込み、署名や給特法の存在は「定額働かせ放題」のフレーズとともに広がりを見せ始めました。

## 文科省への直訴

署名開始から８ヶ月後の２０１８年10月。

想定を超えて３万筆以上の署名が集まる中で、私はそれを提出せずに、ずっと手元に置いたままにしていました。賛同者からは「何をしているんだろう？」と思われていたかもしれません。理由は単純で、提出の仕方がわからないし、文科大臣に提出しようにもツテがないし……というところで止まっていたのです。

宛先のひとつだった中教審は、結局給特法についてほとんど議論をしないまま、審議終了を迎えようとしていました。

審議会で何をどう話し合うかは、委員や事務局である文科省が決めること。私のような匿名の一教師が署名を集めたところで、結局何も変わらないのでは……。そんな悪いことばかりが頭をよぎりました。

こんな時どうしたらよいのでしょう。万にひとつも勝てない闘いを前に、自身の無力さに打ちひしがれ、終わりの時間は刻一刻と迫っていたのです。

答えが見つからない時は、歴史を振り返ればよい。それが、私が歴史から教わったことです。かつて万にひとつも勝てない孤独な戦いを闘い抜き、8年かけて勝利に導いた人物がいました。彼の名は、ジョージ・ワシントン。その戦いとは、アメリカ独立戦争です。

時は２５０年前、18世紀後半。アメリカ合衆国はもともとイギリスの数ある植民地のひとつに過ぎませんでした。当時のイギリスといえば、世界ナンバーワンの「覇権国家」に足をかけた状態です。それに対し植民地アメリカは、産業も十分に育っていなければ、ひとつの国家を形成するようなまとまりさえない状態。組織立った「軍隊」もありませんでした。つまり当時のアメリカがイギリスに勝利するなんていうのは、万にひとつもあり得なかったわけです。

実際の独立戦争はというと、アメリカ側の敗北が続きました。時には勝利を収めることもありましたが、基本的にはアメリカ大陸中を転戦しながら何とか全滅しないよう粘り続けていたのです。そのうち、ニューヨークや当時の首都フィラデルフィアといった主要都市がイギリス軍に制圧されてしまいました。

目の前には新手の敵。もはや絶体絶命のピンチ。どうしたらよいのだ！となってしまうと、人間、視野が狭くなってしまうものです。ワシントンらは考えました。目の前の敵だけを見るのではなく、もっと視野を広げよう。大西洋の向こうを見たら、ヨーロッパにたくさんの国がある。海の向こうに仲間を探そう。

そしてベンジャミン・フランクリンという外交官が大西洋を渡りました。フランクリンは各国を訪ね歩き、イギリスのライバルであったフランスを口説き落とすことに成功。これがアメリカの運命を決します。

「最も過酷な冬」と言われた１７７７年を越え、１７７８年が明けると、フランスをはじめとして続々とヨーロッパ各国が参戦するではありませんか。明けない夜はない！　そして、万にひとつも勝てないと言われた独立戦争はアメリカの勝利に終わったのです——。

つまりは、強大な相手に立ち向かう時に、ひとりで何とかしようと思っても無理なものは無理です。それよりも、ピンチの時こそドカッと視野を広く持ち、誰か助けてくれる仲間はいないだろうかと思案を重ねればよいのです。

「中教審が教育学者などの集まりであるならば、中教審に参加していない、もっと大御所の教育学者に働きかけたらどうだろうか？」

実は署名活動の最初から、日本教育学会会長（当時）の広田照幸さんが賛同人として連名してくださっていました。日本教育学会といえば、教育系の最大学会です。その延長で前会長、前々会長にも声をかけてみようと思い至り、手紙をしたためることにしたのです。

返事すらいただけない覚悟でしたが……何ということでしょう。

実際には二つ返事で、快諾してもらえたのです。それが前々会長の佐藤学さん、前会長の藤田英典さんでした。見ず知らずのひとりの現役教師のために……。いや私のためではなく、教育界全体を案じてのことだったのでしょう。会長まで上り詰めた方々の懐の深さを思い知った一件でした。

それだけではありません。歴代三会長に加えて、

署名提出の場面。右から、大臣官房審議官、筆者、教育学者の藤田英典さん、広田照幸さん、内田良さん、過労死遺族の工藤祥子さん。

教育行政学界の「レジェンド」である市川昭午さんが加わり、４名の先生方は「学校の働き方を考える教育学者の会」を立ち上げました。そして、国や教育学者に訴えるための檄文を発表してくださったのです。

この後、高齢の市川昭午さんを除く歴代三会長は、文科省の署名提出や記者会見にも同席してくれました。さすがにこの動きを無下《むげ》に扱うことはできないと思ったのでしょうか。文科省からは大臣官房審議官という幹部職員が署名の受け取りに出てきてくれました。

２０１８年12月４日。ひとりの現役教師の思いを教育界の「ＢＩＧ４」が後押ししてくれて、何とか提出まで漕《こ》ぎつけたのです。

それは、中教審の答申（まとめ）素案が発表される、実に２日前の出来事でした。

## 国の審議に変化が？

署名提出は、中教審の答申素案が発表される２日前のことでしたから、この素案に対して何らかの影響を及ぼしたとは考えられません。しかし提出が遅きに失したかと言えば、そうではありませんでした。

発表された答申素案に、次のような箇所がありました。

中長期的な課題として、労働法制のみならず、社会の構造的な変化における教師の専門性の在り方や公務員法制における今後の動向等を踏まえつつ、公立学校の教師に関する労働環境について、法制的な枠組みを含め、必要に応じて検討を重ねることも必要である。

（中教審「学校における働き方改革特別部会」答申素案47頁）

素案が発表されたのが２０１８年12月6日。それから１ヶ月半後の２０１９年１月25日の確定版では、この一文は次のように変わっていました。

中長期的な課題として、労働法制のみならず、社会の構造的な変化における教師の専門性の在り方や公務員法制における今後の動向等を踏まえつつ、公立学校の教師に関する労働環境について、**給特法や教育公務員特例法、地方教育行政の組織及び運営に関する法律といった**法制的な枠組みを含め、必要に応じて検討を重ねることも必要である。

（傍点筆者、答申確定版49〜50頁）

間違い探しのようですが、素案から確定版にかけて、傍点部分が追加されたのです。つまり、素案では曖昧だった給特法について、はっきりと今後の検討課題であることが記されたのでした。

私たちの要請行動が功を奏したのかはわかりませんが、小さくも重要な一文が追記され、「給特法の議論はこれにて幕引き」とはならなかったのです。

一方で、「中長期的な課題として」という文言を読む限り、それはもうほとんど「棚上げ」だと受け取ることもできます。１年半にわたる訴えは負け戦《いくさ》だったのか……。

それが、目玉が飛び出るほど仰天してしまう出来事が、４ヶ月後に起きることになるのでした。

## 聖職のゆくえ

ここからは、署名提出の裏で動いていた、もうひとりの物語です。

２０１８年12月３日夜。私は翌日に署名提出を控え、東京へと向かう途中の新幹線名古屋駅のホームにいました。そこに、ひょっこりと姿を現した人物がいました。小川一樹さんといいます。小川さんはビデオカメラ片手に「撮影を開始してよろしいでしょうか」と声をかけてきました。

小川さんは、福井テレビというローカル放送局のディレクターで、福井テレビ開局50周年に合わせて1時間のドキュメンタリー番組制作を任されていました。番組のテーマとして福井テレビが狙いを定めたのが、当時話題になり始めていた「給特法」でした。

小川さんたちは、署名提出前日の12月3日に番組制作を開始。たまたまその日、福井市内にいた名古屋大学の内田良さんに番組作りについて相談したそうです。内田さんが「給特法をテーマにするのでしたら、ちょうど明日、西村さんという人が文科省に署名提出に行くんですが、もしかして一緒に来ます？」。

そう言ったのが14時。急遽、福井県から東京都まで宿泊を伴う出張になってしまうわけですが、小川さんは「行きます！」と即答しました。この瞬間、小川さんは給特法問題の重要なプレーヤーのひとりとなったのでした。

それから数時間後。新幹線名古屋駅のホームで小川さんと落ち合った私は、その瞬間から密着取材を受けることになりました。新幹線の車内、翌朝の打ち合わせ、文科省に入るところ、文科省の廊下を歩くところ、署名提出の緊迫した場面、文科省での官僚との懇談、バタバタの記者会見、厚生労働省への移動、厚労省での官僚との懇談、厚労省での記者会見、そして全てが終了した後のロング・インタビュー。署名提出の丸24時間、誰よりも長く一緒にいたのが小川一樹さんでした。

小川さんはすぐさま上司にこう報告したそうです。「署名提出を密着記録していたのは福井テレビだけです。この映像を番組の中心にしましょう！」。

私にとってはその日が活動の終わりでしたが、小川さんにとってはその日が半年間にわたる作品作りの始まりでした。その後、小川さんは私を上回るような情熱で全国を飛び回りました。国会図書館に通って給特法の歴史を調べたり、広島県で法制定当時の教師にインタビューをしたり。また、福井県内の多忙な中学校現場に半年間カメラを入れて「定点観測」を続けるなど、誰もなし得なかった画期的な素材集めに成功したのです。

番組作りも佳境に入ったある時、岐阜県の我が家まで小川さんは撮影スタッフと一緒にやってきました。自宅で3時間ほどインタビューを受けた後、岐阜駅前で一緒に食事を取ることにしました。その席上、小川さんはどれほどよい作品を作りたいと思っているか、カメラが世の中の真実を切り取ることで社会を変えるきっかけに繋がるというテレビマンの誇り……そんな話を聞かせてくれました。

そして話の最後、ぽつりとこう呟《つぶや》いたのです。「西村さんも顔出しが可能であれば嬉しいのですが……」。

実は私も大変迷っていました。この時まで顔も実名も隠して発信を繰り返しながら、本来、社会に意見を伝える際は素性を明かして行うのが筋なのではないかと考えていたのです。私の記事が出る時は、記者は署名入りで発信をしてくれます。匿名で意見を述べる私に代わり、記者の誰かがリスクを負って実名発信をしてくださるのです。

少し話が逸れますが、発信のあり方について深く考えさせられたエピソードとして、こんなことがありました。２０１９年に日本でも報じられた、ロシア教師タチアナ・クフシンニコワさんの話です。

彼女は２０１８年、ロシアのＳＮＳ「フコンタクテ」に水着姿の写真をアップしました。寒中水泳の大会で受賞し、その記念に書き込んだそうです。しかしそれを見た保護者は学校にクレームの電話を入れ、学校もそれを問題視。「売春婦のような格好で学校側の名誉を傷つけた」としてタチアナさんは退職を余儀なくされました。

大切なのはここからです。その報道を知ったロシアの教師たちは猛反発しました。そしてＳＮＳに自身の水着写真をアップし、一斉に抗議活動を行ったのです。付けられたハッシュタグは、「#教師だって人間だ」。投稿数は、日本で報道された２０１９年４月20日時点で１万８千件に上ったといいます（共同通信「ロシア女性教師、水着姿不適切？」）。その後、タチアナさんは地元の教育行政機関の計らいで再就職を果たしました。ロシアの教師たちは自身の顔はもちろんのこと、水着姿さえもさらけ出し、ひとりの教師仲間の人生を救ったのです。

私もいつか顔を出して正々堂々と自分の意見を述べたいと思っていました。いや正確に言うと、顔を出して意見を述べても不当に叩かれたりしない社会を作りたいと思っていました。

　しかし私の場合は現実問題として、一度それをしたら職場で目をつけられて管理職に止められ、活動自体が継続できなくなる恐れがありました。署名を提出せずに活動を終えてしまったら、署名をしてくれた人たちに申し訳ないと考えていたのです。そんな署名提出も無事終わり、仮にここで全ての活動が強制終了となってもよいのではないか。真剣にそう思い始めていました。

　会食の後、私は「小川さん、顔も声もそのまま使ってもらって構いません、いい作品を作りましょう」、そう声をかけました。出演者がモザイクで出るよりも顔を出して語った方が、番組として訴求力が高まるに違いありません。それは終章に詳述するように、二十代で映画作りに没頭した私にとっては当たり前に実感できることだったのです。

　公の場で顔を出し、これまでの全てを語ること。それは私にとって最後にして最大の挑戦でした。

　と、格好つけつつ小声で打ち明けますと。

　実は放送されても福井県内のローカル放送だから、岐阜県の誰かに見られることもないとタカを括っていたのです。

　２０１９年5月、福井県内でドキュメンタリー番組「聖職のゆくえ」が放送されました。私を含めた学校関係者全員が顔出しで登場し、現場の実態を生々しく語る、そんな番組でした。
ナレーションは、何とドラマ「３年Ａ組」が大ヒットした俳優の菅田将暉さんが務めていました。菅田さんは、自分自身もかつて教師への夢を抱いていたということで、過酷な教師の現状とその働き方改革に焦点を当てた番組であればやろうと、ほぼ初のナレーションを引き受けてくださったそうです。ダメ元でのオファーだったそうですが、小川さんの情熱は人気俳優の心をも動かしたのです。

菅田さんは、番組に寄せて次のようなメッセージを贈ってくれました。

「今の先生たちの現状に〝このままじゃいけない〟と声を上げる人がいます。決してその声は人を傷つける声ではなく、僕はとても優しい声だと思いました。そして、必要な声だと思いました。始まりは小さな声でもきっと僕らがちゃんと受け取り耳をそばだてればそれはとても大きな声になります。気持ちの良い音が乱反射する社会。そんな社会になればと願っています」

（菅田将暉、２０１９年８月）

さてこの番組に、目玉が飛び出るほど仰天したシーンがありました。それは番組の最後、ある文部科学官僚が登場した場面です。「なぜ給特法を改正してくれなかったのか？」と問われた役人は、淡々と「3年後に行われる勤務実態調査の数字を見て、給特法の議論は引き続き考えていきたい」と話し始めたのです。

ん？？？

そんなことは初耳です。中教審のまとめでは、給特法の見直しは「中長期的な課題」となっていました。撮影中にディレクターが突っ込んで質問を重ねたのでしょうか。文科省として給特法の極めて「短期的」な見直しを、地上波で宣言したのです。これをカットせずに番組の結論部分に持ってきたところに、この問題を調べ尽くした小川さんの采配を感じました。

番組は放送直後から、ツイッターによる口コミだけで瞬く間に全国的な話題となりました。ある学生団体が全国の教員養成系大学で自主的な上映会を開催したところ、福井県以外ではほとんど見られない番組だからと、各地で教育関係者が詰め寄せたといいます。

話題が広がる中、放送から半年後でした。

「西村さん、やりました！　準グランプリ取りました‼」

小川さんからの報告で、私は驚きのあまりまた目玉が飛び出そうになりました。

何事かと思えば、「聖職のゆくえ」が民放コンクールの最高峰とも言われる「民間放送連盟賞」の準グランプリに輝いたというのです。ドキュメンタリー作品に限らず、部門を超えた全応募作品の中で、年間2位を取ったということでした。

自身の出演作品が、こんな形で評価を受けるとは……。下北沢で夢と絶望を抱えたあの日々には、想像もつかない結末でした（終章参照）。

小川さんは最後にこう言いました。「これで全国放送も実現しますね！」。

え？？？

民間放送連盟賞のグランプリと準グランプリの2作品は、全都道府県で土日の昼間等、視聴者の多い時間帯に放送する権利を得られるのです。

誰にも知られることはないとタカを括っていたにもかかわらず、私の覚悟の表情は岐阜県でも大きく放送され、活動の全ては学校内に知れ渡ってしまうのでした。

## 給特法改正案

２０１９年は、もうひとつ大きな出来事がありました。この年の10月から始まる臨時国会で、教師の働き方改革を進めるため、「給特法改正案」が審議されることになったのです。

給特法改正？　署名の訴えが国に届いたの⁉　と言えば、必ずしも喜べるような話ではありませんでした。

まず改正案で、「残業は自発的勤務」という給特法の根本規定にメスが入るわけではありません。そこには手をつけず、教師は「定額働かせ放題」のままでした。

その上で提示された法律改正の具体案は2つ。ひとつは、「民間のように、残業に上限時間を設定すること」。もうひとつは、「自治体の判断により一年単位の変形労働時間制（以下、変形労働時間制）を公立教員にも適用可能にすること」でした。

まず1つ目ですが、公立教員の残業は相変わらず自発的勤務であるものの、「自発的な残業にも、原則月45時間・年３６０時間の上限を設ける（ただし罰則なし）」との規定を追加する提案がなされました。数字は民間の「働き方改革関連法」に倣《なら》ったものですが、民間の法改正の目玉であった「上限を超えた場合の使用者側への罰則」は適用されません。それでも、これまで名実ともに青天井だった公立教員の残業に数値目標が設定されたことは、ほんのわずかでも前進と評価することができました。

一方で、後者の「自治体の判断により変形労働時間制を公立教員にも適用可能にする」という提案は、何でこんな話が出てきたのかと耳を疑う代物《しろもの》でした。

「一年単位の変形労働時間制」とは、そもそも労基法に定めがあり、民間ではすでに導入実績のある制度です。これは1日8時間労働の大原則を解体し、ある時期は1日6時間、ある時期は1日10時間というように、「年間で平均したときに1週40時間（1日8時間）となるよう」、定時の配置転換を可能にする制度でした。そんな無茶な……と思われるかもしれませんが、例えばスキー場にあるホテルのように、冬場は超多忙な反面、オフシーズンは暇であるという、業務の繁閑がはっきりとした職場があります。そうした場合に導入が検討されるものでした。

それでも、この制度は健康被害など働き手への負荷が相当高い制度です。それゆえ、これを導入する際は労働者の過半数代表の同意を得て、労使協定という書面での契約を交わし、労基署に届け出て初めて効力が発揮されるという、そう簡単には導入できない仕組みとなっているのです。

ところが、です。

給特法改正に伴って公立教員に適用しようという「一年単位の変形労働時間制」は、過半数代表の同意や書面による労使協定は必要ないとされました。公務員は私人間《しじんかん》の契約ではなく、条例に基づいて働くもの。自治体の条例に「我が県の公立教員には変形労働時間制を適用する」と書けばそれで事足りるとされたのです。

そんな無茶な……！

変形労働時間制の前提にあるのは、教師は繁忙期と閑散期がありますよね、という認識です。閑散期というのは、8月の夏休み期間を指すようです。しかし実際は、子どもにとっての夏休み期間も教師は勤務日であり、研修やら調査書の作成やら、授業期間中にはできない仕事がここぞとばかりに入ってきます。また仮に夏休み中のそうした仕事を終えたなら、夏休み後の教材を作成したり定期試験を作ったりと、年間を通してほぼ唯一、勤務時間内に授業準備が行える期間となるのです。夏休み後は数ヶ月間の「ブラック残業」が続くので、先を見越してやろうと思えばいくらでも仕事はあります。

つまりは、「夏休み期間中、教師は暇だ」という認識からして間違っているのです。

それでも年間で少しでもゆとりのある時期を狙い、その部分の勤務時間を減らし、授業期間中の定時を延長するとなると、一体何が起きるでしょう。忙しい時期の定時が2時間延びるということは、その分だけ計上されるはずだった残業時間が目減りしていきます（図1―4）。

なるほど、変形労働時間制を加えれば加

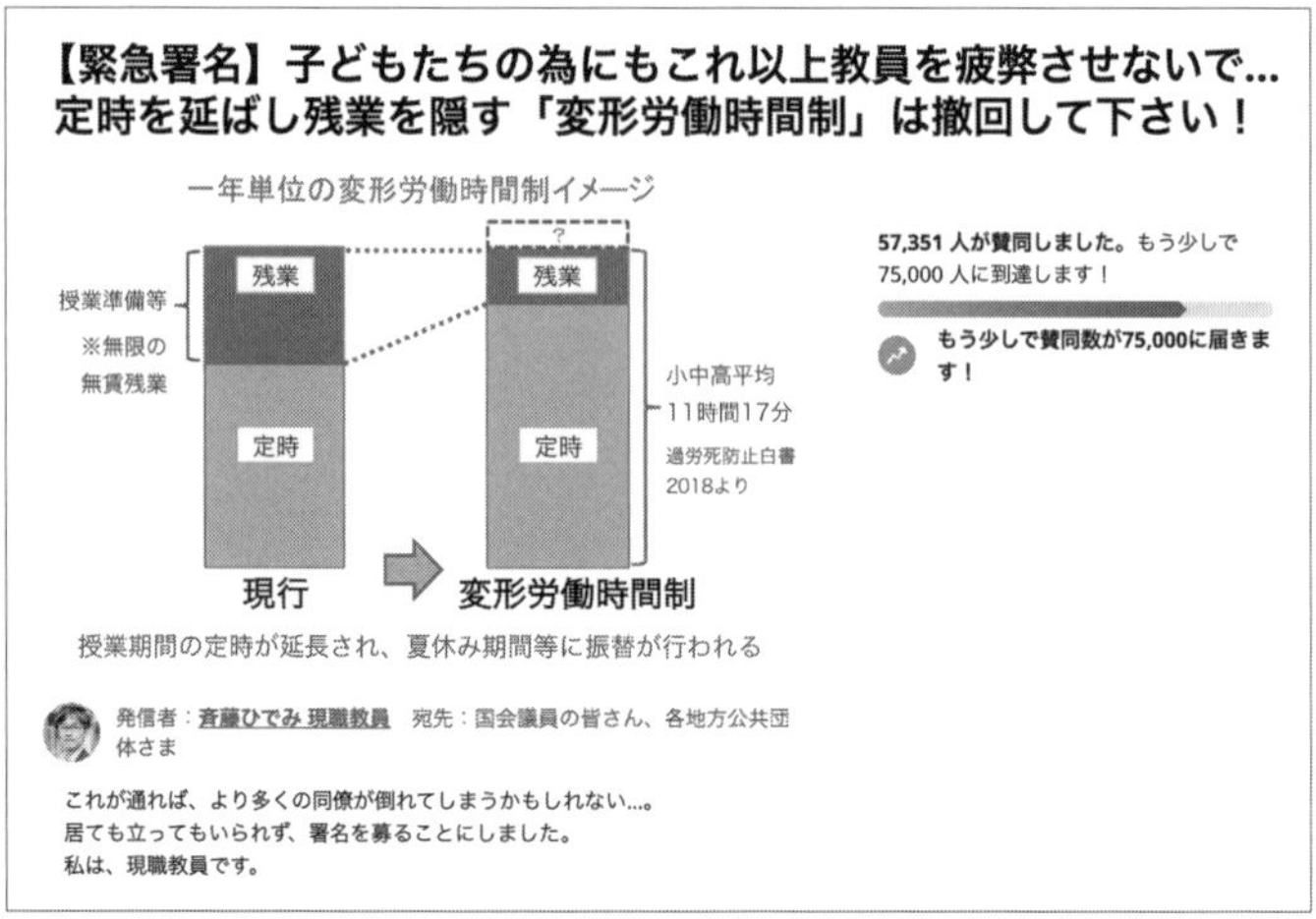


**図1-4**　変形労働時間制の撤回を求めるオンライン署名。この署名活動は、2019年に行われたChange.orgのオンライン署名の中で、ユーザーが選ぶ年間大賞（2019Changemaker Award）を受賞した。

えるほど、統計上の残業時間が減り、公立教員の働き方改革は進んだように見えるわけです！

いや、**過酷な長時間勤務は変わらんし！！！**

こんなものが通ってしまえば、定時の延長に伴ってますます仕事が増やされ、今よりももっと倒れる教師が増えるのではないかと思います。

## そうだ、国会に行こう

私は、「そうだ、国会に行こう」と思いました。

現場の人間として、この提案が教師の長時間勤務解消に資するものでないことはよくわかります。教職の魅力を高めるものでもなければ、逆に教職から若者が逃げ出すような改正案なのです。国会議員もわざと国の教育を破壊しようなどと考えているわけではないでしょうから、誠心誠意伝えたらわかってくれるのではないか……。

しかしそんなふうに考えたところで、「それはあなた個人の感想でしょ」と言われてしまえばそれまでです。ここは多くの人が同様に思っていることだと「見える化」しなければなりません。

私は再び、オンライン署名を行おうと考えました。オンライン署名では、署名とともに賛同者からのコメントを集めることができます。そのコメントを国会に提出し、議員に再考を迫ろうと考えたのです。

２０１９年9月16日、私はツイッターで次のように呼びかけました。

**【緊急署名】子どもたちの為にもこれ以上教員を疲弊させないで…定時を延ばし残業を隠す「変形労働時間制」は撤回して下さい！**

「教員を一層疲弊させる〝制度改悪〟が進んでいます。『一年単位の変形労働時間制』です。これにより部活顧問は命令可能、教員志望者は減り、教育は廃れます。署名とコメントをお寄せ下さい。皆さんの声を国会に届けます！」

最後の一文で「国会に届けます」と大見えを切ったわけですが、果たせる見込みがありました。この時すでに「院内集会」の準備を進めていたのです。

国会の裏に、議員会館という建物があります。国会議員が集まりやすいこの建物の会議室を借りて行う集会のことを、「院内集会」といいます。部屋を借りるためには国会議員の協力が必要なのですが、私はこの年の8月から議員会館を訪れ、独力で繋がりを作り準備を進めていたのです。

集会の主催団体として「給特法のこれからを考える有志の会」を立ち上げ、10月８日、教育学者の広田照幸さんと内田良さん、過労死家族の会代表の寺西笑子さん、一緒に署名の呼びかけ人になってくださった過労死遺族の工藤祥子さんとともに、院内集会を開催しました。

集会には、自民党衆議院議員（当時）で元文科大臣の馳浩さんをはじめとして、19名の国会議員が参加してくれました。報道関係者も30名以上訪れ、この日の様子は度々新聞やテレビで取り上げられることになりました。議員に訴えるのだからと、私は顔だけでなく、実名報道も受け入れました（Ｐ２３８付録②）。

変形労働時間制に反対する署名も話題となり、開始後３日間で２万５千筆、１ヶ月後には３万３千筆を超えるに至りました。

院内集会から20日後。私は署名を携え、文部科学事務次官であった藤原誠さんと面会を果たしました。事務次官ということは、文科行政の事務方トップにあたります。文科省を挙げて推進中の給特法改正案について、反対意見を持つ一教師と面会するなど、本来は考えられない話です。しかし国会議員の味方が増えていき、議員らの計らいで懇談が実現したのです。

思えば中教審を傍聴し、「現場の声を国に届ける術《すべ》がない」と絶望に打ちひしがれてから２年後。ついに文科官僚トップとの直接懇談が実現したのです。その場で私は「変形労働時間制ではなく、給特法の抜本改正をしてください。国のためです」と直訴しました。

その後も連日、変形労働時間制に疑問を抱く国会議員から「こう主張しようと思いますが、現場の思いと離れてはいませんか」と相談の連絡が寄せられました。政策論争において当事者の声に耳を傾ける。この時の国会はそれが当たり前のように実現していたのです。

それでも法案成立の流れは抑え切れません。

給特法改正案は内閣として閣議決定され、衆議院では審議時間もわずかのまま採決が行われました。

## 国会参考人のオファー

法案が衆議院を通過。参議院に送られ、万事休すと落胆する声が聞かれました。

しかし、私はここからが本当の闘いだと思いました。なぜなら仮にこのまま法案が成立しても、それは「『自治体の判断により』変形労働時間制の導入が可能となる」ということであって、学校現場で用いられるかどうかは各自治体の最終判断にかかっているのです。参議院の審議で変形労働時間制の危険性が一層明確になれば、全国どこの自治体でも導入されなかったという逆転勝利を得ることも夢ではない……。

そんな中、突然私の元にあるオファーが届きました。

「参議院の文教科学委員会で参考人として発言をしてもらえませんか？」

推薦をしてくれたのは、院内集会で名刺交換をした、ある議員でした。インターネット上の盛り上がりを見て、議論に火をつけた形の私に、現場の率直な思いを話してほしいというのです。

これにはたまげてしまい、さすがに丸一日間、悩みました。引き受けると、いよいよ全公開の場で文科省を真っ向批判することになってしまいます。私には組合などの後ろ盾があったわけではなく、ただの「丸裸の個人」として発信を続けていました。仮に何らかのリスクが身に降りかかったとしても、助けてくれるような人や組織はなかったのです。

しかし署名の呼びかけには、数万人の教育関係者や保護者、一般市民が賛同してくれていました。そうした人たちに代わり、「皆さんの声を国会に届け」るチャンスです。

勝てない闘いであるとは思います。でも、闘いはこれで終わりではありません。教師にとって大変不利な法律が出来上がるとしても、法案成立時に「それはおかしい」と最後まで言い続けた教師がいた。その事実を残す限り、いつの日か国会会議録を見てくれた誰かが、このおかしな状況をひっくり返してくれるに違いありません。

そう思えたのは、やはり歴史が私の背中を押してくれたからです。

江戸幕府末期の教育者、吉田松陰の言葉を思い出しました。吉田松陰とは長州藩（現、山口県）の松下村塾で人材育成を行い、明治維新を担う若者たちを多数輩出した「教師」です。数々の名言を残しましたが、あるとき弟子たちに向けて放った言葉が、「僕は忠義をするつもり、諸友は功業をなすつもり」。

私なりに訳すと、「自分が行うのは、公に対する忠義なのだ。成功の見込みがあるから行うとか、失敗しそうだからやめておくとか、そういうことではないのだ。失敗してもいい。人生は、自分が正しいと思うことを誠心誠意行うのみだ」ということです。この言葉を残し、松陰は誰も立ち上がろうとしない中、「たったひとりの倒幕運動」を始めるのです。やがて投獄された松陰は安政の大獄で刑死しますが、その教えは弟子たちの中に残り続け、意志を継いだ若者たちが近代日本の扉を開くことになるのです。

「おかしい」と思うことは「おかしい」と言う。その積み重ねが、たとえすぐにではなくとも、いつかあるべき時代を作る。諦めなかった「敗北者」たちの闘いは時空を超え、いつかあるべき方向に歴史を進めるのです。

それこそがまた、私が歴史から学んだことでした。

私は、参議院に立つ覚悟を固めました。

## 一世一代の大芝居

当日の国会参考人は、私を入れて4人。

冒頭の意見陳述はそれぞれ7分ずつで、その後2時間にわたって国会議員からの質問を受け続けます。どんな質問が出てくるかは、基本的に当日までわかりません。そして、発言は全て公式記録として永久に残ります。

全部合わせて2時間半、休憩なし。

私がとにかく気になったのは、「途中でトイレに行きたくなったらどうしよう」ということでした。どうしてもの場合は行かせてもらえるとしても、その間に大事な質問が飛んできたら一体どうしたらよいのでしょう。

熟慮の結果、当日は一切水を飲まないようにしようと誓いました。人間ドック当日だと思えばよいのです。

その日は、土砂降《どしゃぶ》りの雨でした。まるで暗雲立ち込める学校改革そのままの天気だと思いました。入館手続きをすると、参考人は左胸につけてくださいと緑のリボンを渡されます。テレビ中継でよく見るリボンは参考人の証だったのかと、変なところで感心してしまいました。

控室に通されると、当日呼ばれていた参考人３名がすでに準備をしていました。私以外は、「全日本教職員連盟」という全国規模の教職員組合委員長。「日本ＰＴＡ全国協議会」顧問。国内最大の労働組合の全国中央組織「連合」の事務局長。

なぜこのメンツの中に私が……。

すでに帰りたくなりました。

しかし、動揺を悟られてはなりません。おもむろにカバンからおにぎりを２つ取り出し、「私は緊張していないし、何なら参考人招致の前におにぎりだって食べちゃうよ」と、張り詰めた雰囲気の控室でひとりパクパクおにぎりを頬張り続けました。

議場に入ると、円形の大きなラウンドテーブルが目に入りました。参考人は部屋の奥に、まるで取り調べを受けるかのようにひとりずつ間隔を置いて座らされます。テーブルの向こう側には、十数人の国会議員。テレビで見知った顔も多く、その様子に圧倒されそうでした。

椅子、机、壁を覆う重厚なカーテン。全てが国会の歴史を感じさせる空間で、今も歴代議員の魂が議場を見下ろしているかのようです。そうか、今日もまた歴史の舞台の１ページなのだと気づくと、歴史の教師としては感無量でした。

名前が呼ばれます。「岐阜県公立高校教諭、筆名斉藤ひでみ、西村祐二さん」。

（何だよ、斉藤ひでみって）。国会でツイッターアカウント名が呼ばれるなんて、かつてあったでしょうか。それに責任ある立場の他の参考人に比べたら、私の存在などただの箸休め程度ではないか。そう考えると、少しは気が楽になりました。

しかし、このあと思ってもなかった落とし穴が待っていることになります。

私の意見陳述の番になりました。

一声目。話を始めた瞬間、「あれ？」と体の異変に気がつきました。

喉の奥から気道まで、生まれてこの方経験したことないほど、パッッサパサの状態になっていたのです。自分でも気がつかないうちに相当緊張していたのでしょう。朝から水を飲んでいなかったことも災いしました。加えて、先ほどおにぎりを2つも食べてしまったことが裏目に出たのでした。

国会での参考人陳述。給特法改正を求める署名（約３万８千筆）と変形労働制撤回を求める署名（約３万５千筆）を示しつつ発言した。

せっかくの発言の機会なのに……このままだと噛み倒してしまう！

噛まないためには、とにかく大きな口を開けなければならないと、二声目からはそのことで頭がいっぱいになりました。必死で、まるで演劇の発声練習のように、一音一音大きな口を開けてしゃべります。二十代をかけて培った演劇経験が、ここにきて役立つことになりました。

次第に舞台上で演じているかのように、私の声はドンドンと大きくなり、気がつけば身振り手振りを交えて必死の形相で訴えていました。


お話ししたいことは、一年単位の変形労働時間制についてです。

率直に言って、大変憤っております。

まず、これは政府の言うように、教員の長時間労働を改善するための方策ではありません。むしろ、現場実感として、業務を増やす可能性が大きいです。それゆえ、大多数の教員はこれを望んでいないと考えます。教職の魅力を向上させるものにもなりません。

ある大学生はこう言いました、今の公立学校は沈みかけた船だと。変形労働は、その船に積荷をさらに積むようなものです。大学生たちは、国がこうした制度について話し合いをしている時点で、教員になるのをやめる踏ん切りが付いたと言います。現職の教員からも、この法律ができたら辞めざるを得ないという声をたくさんいただいています。

このような反応が出る理由はいくつもあります。例えば、閑散期とされている8月は、これ実際は閑散期と呼べるようなものではないんですが、閑散期と仮定するなら、4月、5月の疲れは8月に癒やせ、9月、10月の疲れも8月に癒やせ、1月、2月の疲れも8月に癒やせ、そういった設計です。教員はロボットではありません。確実に死者が増えます。

……今、教員倍率は下がる一方ですが、志望者が減り、退職者も増えると、さらに低下します。このまま誰でもなれる職業となると、教師の質が保てません。

また、定時が延ばされ、その後の残業時間で授業準備をとなると、くたくたで授業の質も保証できません。精神的、時間的にゆとりのない中では、生徒がクラス内のトラブルで困っていても十分に手を差し伸べられないかもしれない。教師の質、授業の質、日常の生徒対応、公教育の質がもはや保証できませんと強く言いたいです。現場の人間がこういうことを言わないといけないことを重く受け止めてもらいたいです。

……私は国のため、社会のためになりたいと思って教育公務員になりました。公務員としてこの国の行く末を案じて発言しております。私は、50年前に制定された給特法がどのような結果をもたらしたのかと見るにつけて、変形労働が制定された後、50年後の教育現場が不安でいっぱいです。……この法律制定は、総力戦で挑む働き方改革の一里塚ではなく、公教育崩壊のポイント・オブ・ノーリターンだったと記憶されると思います。

そもそも、一年の中の夏の2週間の休みを自治体ごとにどうするかというのは、今はどうだっていいんです。11ヶ月の勤務をせめてほかの職業と同じようにしてくれという、それが最優先なんです。

変形労働には断固反対です。しかし、仮に変形労働が通るのであれば、せめて被害を最小限にするための5つの提案をします。

一、自治体が変形労働を条例化する前に、必ず勤務実態調査を行ってください。月45、年360を超える残業が発生した場合、導入は不可としてください。

二、一日8時間労働が原則であると明記し……どういった場合に変形労働を加えられるのか……限定事項をはっきりさせてください。

三、変形労働が導入されるからといって、部活顧問を望まない教員にこれを職務命令で押し付けることができないと明記してください。それに伴い、学習指導要領からは、部活動は学校教育の一環であると、これは削除すべきです。

四、授業準備も労働であると明記してください。授業準備の時間が定時内に確保されるようにしてください。

五、定時後の残業に絶対の歯止めを掛けてください。そのために、残業は管理職が命じた労働であると、その責任の所在をはっきりし、上限を超えた場合は管理職に罰則を付けてください。

なお、給特法の見直しにおいては残業を労働と認めることが必須であり、教職調整額を増やすだけ、この改正は認めません。

以上です。

（第２００回国会、参議院文教科学委員会、２０１９年11月28日）

一世一代の大芝居でした。

気がつけば緊張も忘れて、ただひたすら自分の思いを正確に伝えようと、それだけを考えていました。

発言後、一瞬議員たちが静まり返り、その後、静かに拍手が起こり始めました。そのような国会記録映像がＹｏｕＴｕｂｅ上に残っています。

記者からは、「鬼気迫る意見陳述でした」と声をかけられました。

いや、噛まないように必死だっただけです。

国会を出ると、雨上がりの空が広がっていました。

## 改正給特法の成立

国会での発言が当日夜の情報番組（ＴＢＳ「ｎｅｗｓ23」２０１９年11月28日）で取り上げられたこともあり、翌日学校に着くやいなや、担任していた生徒から声をかけられました。開口一番、「先生って本当は怖い人なんですね」と言われて驚いてしまいました。憤りをあらわに意見を述べる姿が、普段の学校での印象と違って見えたそうです。「自分の権利を守るためには命をかけて発言しなきゃいけないこともあるからね」と冗談めかして話すと、妙に納得してくれました。

職員室の先生方からも、反応は好意的でした。部活動など、教師の働き方について私と意見の合う同僚ばかりではないでしょうが、私が訴えてきた「教師の残業が労働とみなされないのはおかしい」「給特法の問題を放置したまま変形労働時間制で解決を図ろうというのは許せない」ということについては、ほとんどの教師が同じ思いを抱いていたのではと思います。

この間報じられた私の記事には学校名も出ていたので、学校にクレームの電話がかかってきたらどうしようと不安でしたが、それもまた杞憂《きゆう》だったようです。むしろ他校の校長から「よくぞ言ってくれた」というメッセージをいただきました。

保護者からも、懇談の場で何人もの人から「先生のおっしゃることは、ひとりの働き手として当然のことです」「先生方の過重労働について考えさせられました」と言ってもらえました。「本当にお疲れ様でした。こんなもので恐縮ですが……」と近所で美味しいと評判の菓子パンを差し入れてくださったりもしました。

教師が公開の場で顔と実名を出して働き方の問題に意見を述べても、誰からも不当に足を引っ張られることはない。それは私にとって、教員人生をかけても挑戦する価値のあることだったように思います。ロシアの教師たちと同様に、「教師だって人間だ」。そう日本社会の中で胸を張って言い続けたいと思いました。

さて、国会での発言からおよそ1週間後の12月4日。参議院でも法案が可決し、改正給特法は成立してしまいました。

改めて、「変形労働時間制の撤回」を精一杯訴えてきたことは、無駄だったのでしょうか。

そんなことはありません。

まず言えることは、仮に声を上げなければ、「教育現場から反対がなかった『よい改正』」とみなされていたということです。たとえ撤回の願いが叶わなくとも、「誰も反対しなかったとき」と比べれば、声を上げたことの価値は間違いなくあったと信じられます。

また私以外にも多くの人が働きかけたことで、国会で文科大臣からさまざまな発言を引き出し、改正給特法には山のような「附帯決議」が付くことになりました。附帯決議とは、審議についての覚書のようなもので、改正給特法を施行する上での約束事です。

例えば、変形労働時間制については「年度当初や学校行事等で業務量が特に多い時期に限定すること」「全ての教育職員に対して画一的に導入するのではなく、育児や介護を行う者、その他特別の配慮を要する者など個々の事情に」配慮するなど、いくつもの注意事項が付きました（「公立の義務教育諸学校等の教育職員の給与等に関する特別措置法の一部を改正する法律案に対する附帯決議」、参議院文教科学委員会、２０１９年12月３日）。

また教員の採用倍率低下や教員不足について、「国は、抜本的な教職員定数の改善、サポートスタッフや部活動指導員の配置拡充をはじめとした環境整備のための財政的な措置を講ずる」としました。「教職に優秀な人材を確保する観点から……教育職員の処遇の改善を図る」というように、今後の待遇改善も約束されました。

部活動については、次のように明記されました。「政府は……部活動を学校単位から地域単位の取組とし、学校以外の主体が担うことについて検討を行い、早期に実現すること」。その後、部活動の地域移行が具体的なロードマップとともに動き出すことになりますが、この附帯決議に依るところが大きいと考えます。

そして給特法については、「３年後を目途に教育職員の勤務実態調査を行った上で、本法その他の関係法令の規定について抜本的な見直しに向けた検討を加え」るとされました。要するに、「3年後にもう一度勤務実態調査を行い、その結果を見て給特法について抜本議論する」とされたのです。「聖職のゆくえ」で文科官僚が話した内容が、国会文書にはっきりと記されたのです。

数年間、声を上げ続けたことは全く無駄ではなく、今後のより本質的な改善に向けて、確かな一歩を刻み込んだのです。

## まさかのパンデミック

2020年が明け、誰も予想しなかった事態が世界中を襲いました。

新型コロナウィルスの大流行です。学校現場もこの年の3月から前例のない「全国一斉休校」に突入し、およそ3ヶ月間にわたって「教育の停滞」が続きました。

「今年度の授業が終わらない。新学期の開始を秋にずらす9月入学について議論すべきだ」という話が、突如沸き起こったことを覚えておられるかもしれません。9月入学はすぐに下火となりましたが、この年は夏休み返上で授業を行わざるを得ず、学校は年度内に教育課程を終わらせることに躍起となりました。

「夏休み期間は教師も勤務にゆとりがある。夏休みに休日を設けて、代わりに授業期間中の定時を延ばしてしまおう」という変形労働時間制が、早々に「時代遅れ」となったことは誰の目にも明らかでした。

変形労働時間制に関する条例議論は、この年の秋以降に各地の地方議会で行うことが想定されていましたが、パンデミック（感染症の大流行）がそれを吹き飛ばしてしまったのです。

原稿執筆中の２０２３年3月現在、依然として多くの自治体で変形労働時間制の導入は暗礁に乗り上げています。導入の前提となる条例すら、都道府県の76・６％、政令市の95％で作られていない状況です（文部科学省「令和４年度教育委員会における学校の働き方改革のための取組状況調査結果」）。

頑張った先に、それがどんな形で報われることになるのか。

本当に人生とは、一寸先に何が起こるかわからないものです。

第二章

# 「ブラック校則」に挑む

生徒は制服を着用すべきだと思う
N＝458（中学校教員）

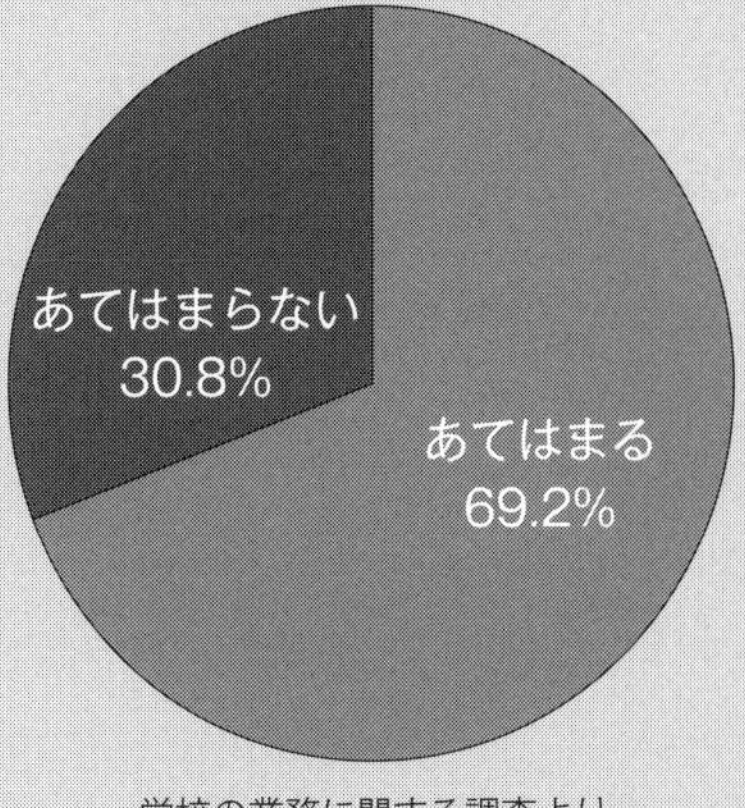


学校の業務に関する調査より

原稿執筆中の２０２３年3月現在、ツイッターなどで働き方の問題を訴える教師は随分と増えてきました。一方で、校則など生徒側の問題について公に訴える教師というのは、とても少ないように感じます。

私自身は、むしろ働き方改革よりも前から生徒側の問題について現場で声を上げてきました。大人の命や権利は、その気になれば自分自身で守ることができます。しかし子どもの命や権利は、大人が守らないといけない。私はそのように思っています。

この章では校則を中心に、生徒側の問題について言及したいと思います。

というわけで一旦、私が勤め始めた２０１２年、32歳まで話を戻します。

## 定時制高校で学んだこと

第一章にも記しましたが、私の初任校は定時制高校でした。

その高校に通っていたのは、６割が小中学校時代に不登校だったという生徒たちで、赴任する前に「大変な学校に行くことになったね」と教師仲間から同情されました。

不安になりながら勤務を始めてみると……何ということはなく、生徒たちは楽しそうに学校に登校してきます。ただ多くの高校と違うのは、髪の毛が茶色だったり、耳にピアス穴が空いていたり、化粧をしてきたり。制服はあっても着用義務がなかったために、皆思い思いの私服だったりということでした（制服が好きで着てくる生徒も半分くらいいました）。

そうした身だしなみの多様性を除けば、ほかの学校の生徒たちと何ら変わりありません。授業で難しい問題に悩んだり、それが解けると表情がパッと明るくなったりを繰り返す、どこにでもいる普通の高校生たちでした。

卒業生に「なぜあの学校には通うことができたの？」と聞いたことがあります。彼の答えは、「先生たちが何も決めつけてこなかったから」でした。

「髪を染めるのは悪い生徒だ」「学校を休むのは悪いことだ」「高校生なのになぜ制服を着ていないのだ？」

確かにそんな発想は、定時制高校に勤める教師の中には1ミリもありませんでした。

勤め始めて最初に先輩教師に言われたことが、「生徒が何日休んだとしても、次に登校してきた時に大袈裟に迎えてはいけないよ」ということです。思春期の生徒たちにとって、自分でも理由がわからずに学校に足が向かないことなど、いくらだってあるのです。数日ぶりに頑張って登校したところで、「お、よく来たね！　昨日は何してたの？」と声をかけても、生徒にプレッシャーを与えるだけで、何らよい結果をもたらしません。休むことも普通、学校に来ることも普通。そんなふうにして教師は生徒と接していました。

大事なのは、ありのままの生徒を受け入れること。制服でなくて構わないとしていたのは、そのためです。「そりゃ制服に違和感持つこともあるよね」というくらいの気持ちで迎えていたのです。髪の毛にしても、黒い髪が高校生らしいのではなく、一度髪を染めてみたいという方がよほど「高校生らしい」のではないでしょうか。そんな気持ちでいました。

ただ一緒にいること。教師は生徒をどこか決められた方向へ誘導するような存在ではなく、ただ傍《そば》にいて、生徒が自ら学びや人生を切り開く、その手伝い役に徹しました。最初は少なくない生徒が心を開かずに、時には教師を試すかのように暴言を吐くこともあります。小中学校時代を通じて教師不信を抱えているのです。気に入らないことがあれば、教室を飛び出してしまうこともありました。

びっくりして追いかけて行くのは私と同じ赴任したばかりの人間で、長く勤めている教師は慌てて追いかけもしません。教室ではほかの生徒が授業を待っているので、授業者は授業に集中するのです。そんな時は誰かしら授業のない教師が迎えに行き、飛び出した生徒を傍に置いて、仕事をしながらフンフンと話を聞いたりしていました。「授業中に教室を飛び出たらいけないではないか！」と叱るのではなく、「どうしたの？」「どうしたかったの？」と声をかけると、落ち着いた生徒は何が気に障ったのか、どうすればよかったかなどと考えることもありました。

たとえその日のうちに解決しなくてもいいのです。数ヶ月、半年、1年、2年かけて……生徒が少しずつ変わっていくかもしれない。変わらないかもしれない。でもそれで構いません。大人だって、そう簡単には自分を変えられないものです。

とにかくその学校では、教師同士が阿吽《あうん》の呼吸で、「長い目で生徒と付き合い続ける」ことを大事にしていました。

## 夜の給食

定時制高校で印象深かった生徒のひとりが、井上君（仮名）です。初任者として着任した時、彼は高校2年生として夜の部に通っていました。私は彼の授業を受け持っていたのですが、第一印象は「見事なまでにひと言もしゃべらないな」でした。人付き合いが苦手なのか、休み時間もいつもひとりでいました。

ある時カフェテリア形式の食堂で、彼がぽつんとひとりでいるのを見かけました。定時制高校の夜の部に通う生徒には、夕方に給食が提供されます。教師も、希望者は給食費を払って同じメニューを食べることができました。私は赴任したばかりで一緒に食べる相手もおらず、「ここ座っていいかな」とひとりでいる彼の向かいに座りました。私も寡黙な方なので、2人とも黙ったまま給食を食べました。

その日から、彼の向かいが私の特等席になりました。

いつも「座るね」とひと声かけ、２人で黙々と給食を食べるのです。そのうち自然と「これ美味しいね」「おかわりしてきたら？」と話しかけるようになりました。彼は最初うなずくだけだったり、「はい」と小さく返事をしたりするだけでしたが、次第に彼からも、とつとつと話をするようになりました。

ある時、調理場のおばさんが、「井上君の前に座ってくれてありがとう」とカウンター越しに声をかけてきました。「あの子、１年間ずっとひとりだったのよ」。おばさんたちは、全ての生徒の食べる量や食べる様子、人間関係などを細かく観察していて、ずっと彼のことを心配していたのです。

半年ほど経ったある日。私たちは食事仲間を増やそうと企てました。給食のトレイを持って、すでに３人が腰掛けている別のテーブルに行ってみたのです。どさくさに紛れて３人の話に入っていこうと示し合わせていたのですが、もともと会話下手な私たちは上手くいきません。結局そのテーブルで、黙々と食事を続けました。

翌日、「やっぱりダメだったね」と元の席に戻りました。「２人の方が楽しいよね」と、互いに慰め合ったりしました。

しかしそれから1週間後。何と3人組が、「ここ空いてますか？」と私たちのテーブルにやってくるようになったのです。食事仲間は2人から5人に増え、食堂以外でも井上君が3人と一緒にいる姿を見かけるようになりました。

ある時、食堂に向かう途中、廊下の向こうから聞いたこともない「西村先生ー！」という声が聞こえました。遠くを見れば、井上君でした。井上君ってこんな大きな声が出せたんだと、びっくりしたことを覚えています。それから彼はみるみる変わり、授業中も積極的に発言するようになりました。

勉強の面白さにも目覚めた様子でした。ある日、井上君は私の昼間の授業も受けたいと言ってきました。第一章でも触れましたが、その学校は朝昼夜3部制の定時制高校で、私は昼夜を跨《また》いで授業を持っていたのです。教務主任に相談をすると、「先例がないしね……」とやんわり断られてしまいました。

彼に伝えると、「じゃ、廊下から授業を見ていてもいいですか？」と言います。私は、「じゃあ、たまたま廊下に机と椅子があるから、そこに座ったらいいんじゃないかな」と返しました。それからというもの、昼間の授業では廊下から井上君が誰よりも熱心に授業を受けている奇妙な光景が見られるようになりました。それを見た教師たちが、「あれ？　何で廊下で授業を受けてるの？　教室に入ってもらったらいいんじゃない？」と認めてくれるようになりました。

私の歴史の授業もそうですが、英語を学ぶ楽しさにも目覚めたようで、井上君はいつも英単語帳を片手に歩くようになりました。

人との繋がりができることで人格が変わり、それが勉学の充実にも繋がって行く。十代は本当にみるみる自分を変えていくので、私たち教師の方が彼らについて行くのに必死です。その学校では、生徒が教師について行くのではなくて、教師が生徒の成長を追いかけたり、生徒の歩幅に合わせながらちょっと先を見に行ったりするのです。

そんな彼にも、卒業の季節がやってきました。

彼に進路を尋ねると、「ダンボール工場で働くことにしました」と言います。「英語や歴史はどうするの？」と聞くと、「もちろん続けますよ、好きですから」と返してくれました。

そして彼との食堂最終日。

私は彼にどんな話をしようかと散々迷い、少し遅れて食堂に入りました。

すると、何ということでしょう。

彼はすでに多くの友だちに囲まれ、楽しそうに最後の給食を食べていたのです。そこにもう私の座る席はなくて、「いやいや、それはひどいやろう（笑）」とひとり呟き、少し離れた場所から彼を見守りました。

少し寂しかったのが本音ですが……。その時「あっ」と気がついたのです。

そうか、彼は高校1年間、いやもしかしたら高校に入るまでの9年間を含めて、ずっとこうやってひとりで食事を取っていたのかと。悲しくてではなく、彼という人間を初めて理解できた気がして、私は泣きそうになりました。ひとりの生徒を理解するということは、これだけの時間と経験が必要だったのです。

最後に彼は私を見つけて、「先生、遅いじゃないですか」と言い、食堂のおばさんにはひと際大きな声で「ありがとうございました」と言って去りました。

ひとり静かに食器を片付ける私に、食堂のおばさんが「本当にありがとうね」と声をかけてくれたのでした。

## 生徒の可能性を潰さない

井上君のように、学校に通えるようになり、みるみる変わっていく生徒たちを山のように見てきました。私が赴任する前ですが、小中学校時代の学びがすっぽり抜けてしまっていたある生徒が、この高校で人との繋がりができ、やる気のスイッチを入れたことで、京都大学に現役合格したこともあったそうです。

一方で、生徒たちの出身校を訪問して中学時代の担任に話を聞くと、「あの子たちは大変な子でしょう、本当に申し訳ないです」と度々頭を下げられました。私の目に映る生徒たちは、決して頭を下げられるような迷惑な生徒ではありません。勤務しながら、この違いは一体何なのだろうとずっと疑問に思っていました。

教師個人の考え方は置いておき、制度面で定時制高校と中学校に違いがあったとすれば、その高校は「単位制でそれぞれが自分で選んだ授業を履修する。クラスという単一組織ではなく毎時間違った人間関係で授業を受ける」「校則というものがほとんどなく、個人の選択が大きく認められる」ということです。

要するに「皆と同じを求められない」ということです。

集団を固定化し、統率を図ろうと細かなルールを設ければ設けるほど、そこからはみ出す子たちは「迷惑をかける悪い生徒」とみなされてしまいます。「ルール自体が間違っているのではないですか？」と問うても、「疑問を呈するのは悪いことだ」と扱われてしまうこともあります。大人の世界で言えば、仕事のやり方に異を唱えた時に、「嫌なら辞めろ」と言われてしまうようなものです。そのような中で傷つき、たとえ衝突の原因は些細なことであったとしても、頑なに態度を変えない教師に対して不信感を抱き、不登校に陥るケースがあったようです。

当時、実際にあった理不尽な決まりの例として、この高校があった岐阜県南東部では、そこにある全ての中学校が部活動への参加を義務づけていました。部活動の「強制加入」の問題は後述しますが、国が定める「学習指導要領」にも明確に違反しており、大変問題のある決まりです。そういった意味のわからない決まりが生徒を苦しめ、中学校に「おかしい」と言っても取り合ってもらえず、教師不信に陥ってしまったという生徒がいました。

学校において、まずもって大切なことは、「生徒が安心して学校に通える」ということです。そうでなければ、学びも成長もありません。校則について思うことは、皆が安全安心に過ごすための決まりは必要だとしても、決して教師の側が明白な理由もなく一方的に独善的に校則を設け、生徒を従わせる権限を有しているわけではないということです。

定時制高校で生徒たちと話す中で感じてきたことは、「教育のため」という名目で作られた校則や、柔軟性を欠くその運用が、むしろ子どもたちの安全安心を奪い、少なくない子どもの「教育を受ける権利」を根こそぎ剝奪してきたという現実です。

生徒の可能性を引き出すことが教師の仕事です。間違っても、生徒を深く傷つけたり、生徒の限りない未来を捻り潰すような校則があってはなりません。

人を傷つけることが教育ではなく、人を傷つけないことが教育だからです。

## 部活動の強制加入

私が学校の理不尽な決まりについて発言を行ったのは、2校目の全日制高校に赴任した時でした。何と、初任校にはなかった部活動の強制加入が、新たな勤務校では行われていたのです。その学校には「新入生は夏休みまではどこかの部に所属すること」という決まりがありました。夏までということで大した問題ではないと思われるかもしれませんが、数ヶ月間でも強制加入はあってはならず、また一度所属してしまったら辞めたくても辞めにくくなってしまうものです。

全国の中でも、岐阜県はとりわけ強制加入の割合が高かったようです。２０１５年に県内中学校を対象に行われた調査では、全体のうち64・９%が「全員加入」を行っていました（岐阜県教育委員会「岐阜県中学校運動部活動指針～これからの運動部活動～」２０１６年、3頁）。地域差が大きかったようで、前述の通り、初任校として赴任した岐阜県南東部では実に１００%の中学校が部活動の全員加入を行っていました。

全国的にはどうかというと、２０１７年に行われた調査では公立中学校の30・４%、公立高校の15・０%が「（部活動は）全員が所属し、活動も原則参加する」としていました（スポーツ庁「平成29年度運動部活動等に関する実態調査報告書」２０１８年、10頁）。公教育の基準である学習指導要領には、部活動は「生徒の自主的、自発的な参加により行われる」とあり、強制加入は国の指針を無視した規定です。現在ではその割合は少なくなっていると思いますが、まだ完全解決には至っていません。

偶然ですが、異動に伴い私は学校内で部活動を管轄する「特別活動部」に配属されたため、早速その中で話題にしてみました。すると特活部長が、強制加入を行ういくつかの理由を教えてくれました。

「部活動を強制しないと学校が荒れる（生徒が非行に走る）かもしれない」「強制しないと潰れる部が出るかもしれない」。また、あまり大きな声では言えないがと前置きしつつ、「部活動に関連する費用を全保護者から徴収しているのだから、一定期間でも全員に部活動に所属してもらわなくては困る」。

ナニソレ??

定時制高校では部活動に所属する生徒は半分くらいでしたが、所属していない生徒が荒れ出すことはありません。むしろ、嫌がる生徒を無理矢理入部させると、生徒が荒れ出すのは必至です。また少子化に伴い部活動数を削減しないといけないような中で、入部を強制しないと潰れてしまう部であれば、自然淘汰された方がよいと思います。部活動関連費の徴収については、岐阜県では各高校が学校徴収金をホームページで公開しており、確かに年額1万円前後の部活動関連費を全家庭から徴収しているケースが多いようでした。しかし本来、部活動に所属していない家庭から高額の費用を徴収する方がおかしいのです（注）。と、特活部長に意見しましたが、「多くの先生がそれを支持している限り、変えるのは難しい」と言います。

まさか?? 本当に多くの教師がそれでいいと思っているのでしょうか。

学校内の教師を対象に、意識調査を行いました。すると何と、強制加入を廃止すべきという意見は25％。残りの教師は制度を維持するか、むしろ強制加入の期間を延長すべきだと答えました。

これには頭を抱えてしまいました。明らかな越権行為にもかかわらず、なぜこんな結果になってしまうのでしょう。

学校内の多くが岐阜県で育った教師で、自身の中高時代もそうだった、強制加入は当たり前だ、と考えているようでした。

同僚と飲み会の場で話題にしたこともあります。私が、「生徒の権利を不当に侵害しているのではないか」と話すと、「西村くん、法律だ権利だ憲法だと英語みたいなことを言われても、私たちにはよくわからないのだよ」と真顔で言われて愕然《がくぜん》としたことがあります。「国の指針がどうあれ、現場で子どもを育てているのは我々なのだから」とも言われました。もちろんこれは数人から聞いた意見で、教師の多くがこうだと言いたいわけではありません。それでも強制加入の事例のように、学校空間ではしばしば「教育」の名の下に教師の「指導」が憲法や法律を軽く上回ってしまうことがあるのです。

埒《らち》が明かないと、校長室を訪ね直談判しました。

しかし校長からも、「教師の多数が続けるべきと言う限りは動けない」と言われました。私が「ひとりになっても闘いますよ」と言うと苦笑し、「私も若い頃は随分と校長とやり合ったから、君の気持ちもよくわかる」。そして少し困ったように、「でもね、そういう人は飛ばされちゃったりするんだよね。いや、私が君をそうするというのではなくて、それを覚悟してやらなくちゃダメだよという老婆心なんだけど」。

さすがにドキッとしましたが、引くつもりはありません。強制加入は何よりも、生徒の心を傷つける行為だと思ったからです。そう思うのには、理由がありました。

私は前髪を上げて、額の傷を見せました。

「私も学生時代、所属していた剣道部が嫌で、辞めたくて、それでもなかなか辞められなくて、悩みました。とうとうある日、額を岩に打ちつけて12針縫いました。翌日、『頭を割ってしまったので、もう面が被れません』と言って、ようやく辞めることができたんです。本校の中にも、青春時代のかけがえのない時間を浪費してしまうことを苦に、自分を傷つける生徒が出るかもしれません」

（注）部活動関連費については、全保護者から徴収するのではなく、受益者負担を原則とすべきだと思います。２０２２年６月にまとめられた、「運動部活動の地域移行に関する検討会議提言」では、「運動部活動に要する費用の徴収方法等」についての「求められる対応」として、「ＰＴＡ会費から充当する方法とした場合には、保護者に対する事前の説明と理解を得るとともに、運動部活動に参加していない生徒の保護者には返金するなどの対応を行う必要がある（36頁）」と明記されています。

また、あまり知られていないことですが、「生徒会費」の名目で徴収された金額の半分程度が部活動費に回されるケースもあり、徴収金の不透明な流れは正されるべきと考えます。

## 強制加入が撤廃された

部活動の強制加入や、やがて全国的に校則問題について声を上げることになるのですが、それは何よりも生徒を傷つけることが容易に想像できるからです。

仮に校長に楯突いたとしても、私は命までは奪われません。しかし何らかの校則に傷つき不登校になるようなことがあれば、生徒やその家族の人生を大きく狂わせることになるかもしれないのです。

以降も、私は強制加入の問題について学校内で訴え続けました。毎月のように職員会議で手を挙げて、話し合いましょうと提案したこともあります。しかし何度も突きつけられた現実は、法に依らずにその土地に根づいてきた「慣習」を変えることは容易ではないということです。

強制加入について、生徒たち自身がどう思っているのか、生徒会役員に意見を聞いたこともありますが。しかし「入部を強制されることがいけないことだなんて、考えたこともなかった」という反応でした。

自由が尊重される場で育てば、自由の危機に敏感になります。子どもたちが疑問を抱かず、理不尽を理不尽と感じられないのは、それこそが「教育の賜物」なのです。校則に関して、「子どもから不満の声が上がらないのだから変える必要はない」という意見が出ることがありますが、問題の解決を子どもに押しつけるべきではありません。この事例で言えば、「生徒たちが問題ないと思っているのだから強制加入を改める必要はない」「生徒自身が声を上げて強制加入をなくすべきだ」ということになるでしょうか。校則問題は子どもたちが解決すべき子どもたちの課題ではなくて、大人が自分たちの行き過ぎを反省し、子どもたちをどう守るか。また大人が子どもたちをどう育てたいかという問題なのだと思います。

やがてツイッターを始めると、働き方改革とともに、部活動の強制加入の問題について、校外にも訴え始めました。

しかし時が流れても、職員室が変わることはありませんでした。数年後に再び教師への意識調査を行いましたが、強制加入を改めるべきという割合はほとんど変化しなかったのです。この結果にはさすがに心折れ、もはやこれまでと諦めかけました。

そんなある時、学校内で声を上げてから4年後の２０１９年4月。嘘のようにあっさりと、強制加入が撤廃されることになったのです。一体、何が起こったのでしょう。

それは、学校内が変わったのではなく、学校の外が変わったのです。

部活動についての社会的議論が広がる中、２０１８年12月、文化庁が「文化部活動の在り方に関する総合的なガイドライン」を出しました。その中に、「部活動への参加を義務づけたり、活動を強制したりすることがないよう、留意すること（6頁）」と明記されており、こうした国の方針が現場まで行き渡るようになったのです。

学校外に訴え社会的議論が起き、世論が動くと、行政が動きます。行政が動けば、学校もようやく重い腰を上げます。学校内で議論しても1ミリも動かなかったことが、学校外に働きかけて外から内を動かすことで、「時代が変わったので仕方ない」と教師は態度を改めることになるのです。

本当は時代が変わって許されなくなったのではなくて、とうの昔に許されなかったことに学校が気づかなかっただけです。

## 自由を尊重された高校時代

「自由が尊重される場で育てば、自由の危機に敏感になります」と書きましたが、少しだけ、私自身の高校時代の話をさせてください。

私の通っていた関西学院高等部は、まさに生徒の自由を尊重する学校でした。例えば服装に関して、規定の制服を着てもいいし、着なくてもいい。最低限授業を妨害したり人に迷惑をかける身だしなみでなければ、とやかく言うべきではないと判断されました。卒業式などの式典時は「ＴＰＯを考える」ということだったのでしょう、制服かスーツなどの正装で出席するということになっていましたが（袴で来る生徒もいました）、普段の服装はそれぞれが着るものを自由に選ぶ権利が保障されていました。

私は生徒会副会長を務めていましたが、生徒会活動も随分と自由にさせてもらいました。生徒会と教師会は半ば並列で、生徒会が決めたことについて教師会は無下に拒否しないという不文律がありました。服装の自由を勝ち取ったのも過去の生徒会でしたし、行事についても生徒の意向が最大限尊重されました。

全校生徒が集まって年に一度「生徒総会」を開くというのは多くの学校で目にする光景と思いますが、関西学院高等部では毎週25分間、全校生徒が講堂に集まり、自分たちだけで集会を催していました。「アッセンブリーアワー」と呼ばれるその時間は生徒の自治に委ねられており、教師は講堂に立ち入らないか、入ってきたとしても講堂の隅で生徒を見守るだけでした。

私たちの時代の生徒会は「学校改革」を掲げて活動しましたが、もはや物理的に教師会に求めたいことは何もない。ただ自由な雰囲気に甘えて怠惰に流されることがありはしないかと、自由な空間でそれぞれが責任を持ち、時間をどう過ごすべきかと話し合っていたのです。自身の自由を尊重してもらうためには、他者の自由も尊重しないといけない。そんなことを当たり前のように考えて過ごしました。

この時、生徒会長をしていたのが、苫野《とまの》一徳《いっとく》さんです。彼は今、気鋭の教育哲学者として各種メディアで発言を行っていますが、彼が市民社会の土台として繰り返し訴える「自由の相互承認」とは、関西学院高等部で培ったものではないかと密かに想像しています。

そんな自由な学校で、生徒が荒れて教師に反抗し出すかというと、むしろ逆でした。不必要に生徒の考えや権利を否定しない、私たちはそのような教師を信頼し、また信頼に応えられるよう節度を保って生活しようと考えました。ひとりの人間として尊重されれば、生徒も教師をひとりの人間として尊重するようになります。それは理想論に過ぎるでしょうか。

30を過ぎて教師になる直前、私は母校の教育を再確認したいと、14年ぶりに関西学院高等部を訪れました。教え子とはいえ要望に応える義務などないのに、高校時代にお世話になった元生徒会顧問の枝川豊先生が、自身に密着して学校内で一日過ごすことを許してくれました。

印象深かったのが、授業と授業の間の休み時間のことです。枝川先生はチャイムよりも少し前に教室に向かいました。早めに授業準備をするのかと思いきや、教室の前で立ち止まり、中に入ろうとしません。扉の窓から生徒の様子を見つめたり、廊下から空を見上げてチャイムが鳴るのをずっと待っていました。

「中に入らないのですか？」と聞くと、先生はこう答えました。

「休み時間は生徒のものだから」

せっかくの10分間の休み時間、生徒が気兼ねなく過ごせるようにと、気を遣っていたのです。生徒同士トラブルを起こしてもいけないからと、さりげなく扉の窓からチラチラと中を確認していました。

生徒を信頼し、生徒の自由をギリギリまで尊重し、生徒の自主的な活動をギリギリまで見守る。そんな教師の姿に生徒も気がついていたからこそ、生徒は教師に信頼を置いていたのではないかと思います。

制服による外見の統一感などなくても、私はそんな学校に愛校心と帰属意識を感じていました。

## 身だしなみ指導の違和感

全日制高校で部活動の強制加入とともに、驚いたものがありました。「身だしなみ指導」です。数ヶ月に一度、学年ごとに全校生徒を体育館に集めて、一人ひとり身なりのチェックを行うのです。

チェック項目は多岐にわたり、髪の毛が眉毛や耳にかかっていないか、学校指定のバッジを購入してつけているか、学ランの下にカッターシャツを着ているか、ベルトはしているか、スカートを規定の長さよりも短くしていないか、爪はちゃんと切っているか、靴下の柄はワンポイントまで等々……。

教師が数人ひとチームとなって、一列に並ばせた生徒をひとりにつき20秒ほどで見て回ります。全生徒を見るのに1時間ほどかかりますから、遅滞なく進めるために、生徒は両手を上げ手の甲を教師の方に向け、爪の長さが一目瞭然の状態で待っていました。

自身の中高時代にも、初任校の定時制高校にもそのようなものはなく、35歳にして初めて「身だしなみ指導」を目《ま》の当たりにしたものですから、大変驚いてしまいました。爪を見せるために手を上げて待っている様が、まるで刑務所の囚人のように見えたのです。靴下の柄については、ワンポイントのデザインは可、ツーポイント以上は不可であると。しかし中には、縞々《しましま》の靴下を履いてくる生徒がいます。すると教師同士で、これは縞ごとにワン・ツーと数えるべきか、縞々全体でワンポイントと数えるべきかと協議が始まるのです。見方によっては、ちょっとしたコントです。

　生徒にとってみれば、自分のチェック時間以外は待機時間となります。貴重な50分授業のうち、49分40秒は無駄な時間となってしまう気がしました。

　と、今になって好き勝手振り返っていますが、身だしなみ指導については、「今の全日制高校はこういうものなのか」と、私は無批判に受け入れてしまいました。部活動の強制加入のように、「改めるべきだ」と進言したこともなかったのです。仮にそのように意見したところで、「制服を着崩す生徒が出てくる、その予防だ」と言われたら黙ってしまったことでしょう。

　しかしそもそも、毎日制服を着ることが、教育目的や生徒の安全安心のために必要不可欠なことなのでしょうか……。同様に考える教師もいたと思いますが、そういった根源的な問いも、「疑問を呈するのは悪いことだ」と言われかねない、高校とはこういうところだという硬直化した雰囲気が学校全体を包み込んでいました。

　ちなみに、学習指導要領に「身だしなみ指導」はありません。つまり、あくまでこれは学校が好きで独自に行っているものなのです。校長判断でやらないと決めたらやる必要のないもので、現に定時制高校や、公立でも私服の学校ではそのようなものは行われていません（注）。

（注）長野県の公立高校の約半数は、私服だそうです。これに関して長野県の教師たちはどのように考えているのでしょうか。
長野県松本深志高校の生徒が制作し、２０１４年「地方の時代」映画祭で高校生（中学生）部門奨励賞を受賞した映像作品「制服ガラパゴス２」では、教師たちへのインタビューが紹介されています。その中に出てくる教師たちは一様に、「自分もそうだったので全く違和感がないです」「制服に縛られる、あるいは制服を着たいと思うことに関しては違和感を感じますね」と述べます。それに対して、隣の山梨県から人事交流で来たという教師は、「制服があってルールを守るということ、ルールを守らせるということも、高校の指導の一環なのかなと。高校生は高校生らしく」というものでした。

「昔からこうだった」というその土地に根づいてきた慣習が、教師や子どもの価値観に大きな影響を及ぼすことが感じられ、大変興味深い作品です。

## 身だしなみ指導をやめられない理由

身だしなみ指導からは、校則を変えることがなぜ難しいのかを考えるヒントがたくさん見つかります。

学校が厳しい身だしなみ指導や、制服の着用義務をやめられない理由は何なのでしょうか。4点考えられます。

1つ目は、その地域では昔からそうだったという「慣習」です。日本の多くの地域では、中高生は毎日きちんと制服を着るものだという感覚が根強いと思います。そんな中で急に身だしなみを緩和すると、地域からクレームが入るのではないかという恐れを学校側は抱きます。また教師自身も、「中高生は中高生らしく制服を着るものだ」という観念に囚われがちです。

2つ目は、生徒を校則で縛らずに「自由」を与えると行動が荒れていき、教師の言うことに従わなくなるという恐れです。教師がこうした思考を持ちやすいのは、1980年代の校内暴力時代に身だしなみ指導を厳しくしたり部活動を奨励したりしたことで、生徒の反抗を抑えられたという「成功体験」があるようです。自身がその時代の経験者でなくても、職員室内に脈々と受け継がれるマインドセット（思考様式）があるのです。

3つ目は、制服をきちんと着られるようにするという「教育目的」です。「制服くらい着こなせないと社会人としてやっていけないぞ」「学校は休みの日と違うのだから、いつでも面接に行ける格好でいなさい」「学校はおしゃれをするところじゃない」と、身だしなみ指導の目的を説明することがあります。「学校の評判が悪くなると大学からの推薦枠や企業からの求人がなくなる、後輩に迷惑がかかるぞ」と生徒に連帯責任を感じさせることもあります。

4つ目は、制服をやめたら「貧富の差が鮮明になる」という恐れです。私服にするとおしゃれ競争が加速し、経済的に苦しい生徒がいたたまれない思いをする。最悪の場合いじめに発展するのではないかと心配することがあります。

まとめると、身だしなみを緩和すると地域からクレームが入ったり、生徒が荒れ出したり（不良化したり）、貧富の差が鮮明になる恐れがある。また制服を着こなせるようにするという教育目的がある。きちんとした身なりだと学校の評判が上がり、ひいては推薦枠や求人も得やすくなる。そのために、教師は（致し方なく）制服着用を迫り、（致し方なく）厳しい身だしなみ指導を行うというわけです。

こうした理由が納得できるかどうかはさておき、ここで一点、強調しておきたいことがあります。

それは、身だしなみ指導など厳しい校則を維持した

生徒の服装や頭髪などの規制をなくすと、
生徒指導に要する時間が増えると思う
N=458（中学校教員）

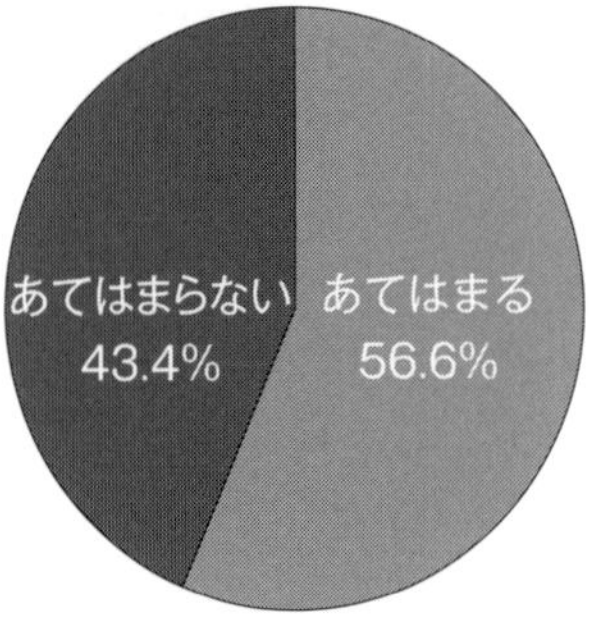


**図2-1**　校則に関わる教師の意見は真っ二つなのがわかる。多分に感覚的なものであり、互いに説得することは容易ではない。（学校の業務に関する調査より）

いと考える教師も、「生徒のため」を考えているということです。地域からの評判が落ちれば進路に影響するかもしれない。学校内の治安が悪くなれば、大多数の生徒が不利益を被る。制服くらい着こなせないと、就職したときに困るのではないか。妥当性はともかくとして、厳しい校則も「生徒のため」であるという、この感覚が現場での校則議論をややこしくするのです。

少なくない教師は「生徒のため」に校則はもっと緩くてもよいと考えています。一方で、校則を厳しくしなければならないと思う教師も、「生徒のため」を考えているのです。両者の「生徒のため」は、容易にはわかり合えない宗教対立のようなものです。

校則問題について社会に向かって発信することは、校則を大事にする半数の教師を敵に回すことに繋がる、そんなふうに私は考えていました。国に働き方改革を求める中で教師からの支持を得ようと努力してきた私にとって、校則問題はアンタッチャブルな（触れてはならない）領域だと感じていたのです。

## コロナ禍が校則を変えた

そんな学校を大きく変えたのが、誰も予想しなかった新型コロナウィルスによるパンデミックでした。

２０２０年、学校現場も「コロナ禍」に振り回されることになりました。第一章の最後に記した、給特法改正案を審議した臨時国会からわずかに3ヶ月後。感染拡大の事態を重く見た安倍晋三総理（当時）は、２０２０年2月27日に突如として、全国一斉休校要請を出したのです。教育現場がこの「要請」を知ったのが、18時台のニュースでした。当時私は自宅にいたのですが、要請通り休校に入るとするとタイムリミットは24時間もなくて、テレビ画面を呆然《ぼうぜん》と見つめたまましばらく動けなかったことを覚えています。

その後、雪崩《なだ》れるように休校に突入してからは、いつ学校が再開できるのか想像もつきませんでした。4月から私は新たに高校3年生を担任することになりましたが、生徒が一日だけ登校した始業式の担任挨拶で、「次いつ会えるか本当にわかりません。それでも受験に向けて、それぞれが毎日を無駄にしないように過ごそう」、そう話すのが精一杯でした。

その後、私の勤める岐阜県の高校は全国に先駆けてオンライン授業の整備を進め、4月中に全高校でウェブ会議システムを使った授業を始めることになりました。それでも、配信教室に向かう廊下はガランとしすぎていて、そこにあるはずの生徒たちの笑顔が見当たらないことに、空虚さを覚えながら勤務していました。

人気《ひとけ》のない廊下で素直に感じたのが、「生徒たちに会いたい」ということです。「子どもたちが安心して学校に通うことができなければ、学びも何もない」。そんな、定時制高校で日々感じていたことを不意に思い出しました。

休校期間は約3ヶ月間続き、5月中旬になってようやく学校再開の目処が立ってきました。

そんな中、のちに岐阜県の公立学校校則事情を大きく変えることに繋がる通知が、県教育委員会から出されました。「学校再開ガイドライン」（２０２０年5月15日）です。その中には、次のような一文がありました。

> 登校時の制服に付着したウイルスを洗濯によって除去する場合、制服は多数回の洗濯には適さないことから、家庭での洗濯が比較的容易な服装（学校指定の体操服やトレーニングウエア等）での通学を可能とすること。
>
> （岐阜県学校における新型コロナウイルス感染症対応〈学校再開ガイドライン〉4頁）

確かに、制服は不潔だ……。

教師は自ら制服を着ることがないので、私もすっかり忘れていました。大人が1週間で複数枚のスーツを着回すところ、生徒は1着の制服を毎日着続けているのです。

勤務校ではすぐさまガイドライン通り「登校は制服でも、家にあるトレーニングウエア等でも構わない」とすることが決まりました。

トレーニングウエア「等」とは一体何なのかと気にする教師もいましたが、大事なのは生徒が安心して学校に集まれることです。当時の校長は、『洗濯が比較的容易な服装』の範疇に入るならば、細かいことは気にしないでいい。個人的にはジーパンでも気にする必要はないと思っている」と言いました。それぞれが見えないウィルスとの闘いで不安いっぱいの中、身だしなみなど、はっきり言ってどうでもよかったのです。

学校はあっという間にカラフルになりました。制服を着てくる生徒は半数ほどで、残りの半数はジャージだったり、色とりどりのＴシャツやトレーナーで登校するようになりました。

学校再開からしばらくして、「やけに学校の雰囲気がよくなったなあ」と感じていたのですが……。なぜでしょうか。

それは、全ての生徒が「自分で選んだ服装」をして来ているからだと気づきました。そこには、制服着用率が１００％から50％に半減したという事実以上に、本質的な変化がありました。制服を着たければ着る。着たくなければ着ない。何を着るかは自分で考える。そしてお互いの選択を否定しない。それは「互いの自由を尊重する」ということであり、とても教育的である気がしました。

そして、制服以外の選択肢が認められた瞬間に、勤務校では身だしなみ指導もなくなってしまいました。「靴下はワンポイントまで」と制限したところで、隣の生徒は柄がたくさん入ったピンクのトレーナーを着ている、そんな光景が当たり前になってしまったのです。髪の毛が伸び放題の生徒を見かけても、「ウィルスが不安でなるべく床屋に行きたくない生徒もいるよね」と教師は想像を膨らませるようになり、身なりについて不必要に口を挟むのをやめました。最初は、制服着用義務や身だしなみ指導をやめると、「生徒が荒れる」「おしゃれ競争が起きる」「貧富の差が鮮明になる」と心配する声が教師の中にあったのですが、半年、一年と経つうちに、そんなことは杞憂だとわかりました。

以下は、勤務校が制服縛りをやめてから10ヶ月後に取材を受けた時の記事です。

> 当初、生徒の服装や髪形まで派手になるのではと気をもんだという。だが「まったく杞憂だった」と生徒指導主事……は話す。部活動の前に着替えなくてすむ服を選ぶなど、実用性を重視する生徒は多い。「最近の生徒は学校の中と外、オンとオフを分けている。学校では、あんまりおしゃれをする感覚ではないようです」
>
> （朝日新聞「高校の制服、コロナ禍で意識に変化の兆し」２０２１年３月７日）

県のガイドラインということで、地域からのクレームもありませんでした。それどころか、「臨機応変に対応を変える学校」というのは、この記事がそうであったように、むしろ世間から評価され始めたのです。

コロナ禍が、学校の中の「高校生はこうでなくてはならない」という硬直化した雰囲気を、一気に変えてしまったのです。

## ジェンダーに悩む生徒

この頃、私にとっても価値観を大きく揺さぶられる出会いがありました。

体は女性、心は男性のトランスジェンダー高校生、中川さん（仮名）との出会いです。中川さんは、「鏡に映るスカートをはいた自分を見るくらいなら死んだ方がましだ」。ずっとそう思っていたと言います。

もしも生徒にそんなふうに言われたら、教師としてどう声をかけたらよいでしょう。「学校は命をかけてまで登校する場所ではないよ」。そう言ったところで、その子は学校に通いたいのです。学校に通いたい生徒が、制服に違和感があるというだけで、通えなくなってしまっていたのです。

制服着用や身だしなみ指導の目的が、「社会に出た時のために制服を着られるようになった方がよい」という「教育目的」だとして、その教育目的が達成できない時に、学校はその子に

「教室に入るな」と言うべきでしょうか。制服が着られないことについて、その子は何をどう努力し、どんなスキルを身につけたらよいのでしょう。

正解は、「学校が間違っていた」だと私は思います。

子どもが持つのは、教育を受ける「権利」です。教育を受けさせなくてはならない「義務」を負っているのは、大人なのです。誰かの命や権利を侵すような生徒の身勝手な振る舞いは制限する必要があるとしても、誰にも迷惑をかけないようなレベルの身だしなみのことで、大人がその子を傷つけるようなことがあってはなりません。

しかしそんな中川さんの悩みは、コロナ禍が吹き飛ばしてくれました。中川さんの学校でも、制服以外での登校が認められるようになったのです。中川さんは堂々とジャージで登校するようになり、服装に関して、生まれて初めて学校が安心できる空間になったと言います。

今、「ジェンダーレス制服」の導入が各地で盛んになっています。それは「男子用」「女子用」の表記をなくし、「Ａタイプ」「Ｂタイプ」などの名称に変え、「性別にかかわらずどちらでも選べますよ」といった制服を指すようです。「女子用にスラックスを導入しました」という話もよく聞きますが、性的マイノリティであるＬＧＢＴＱ＋の生徒にとって、これで楽になると言えるでしょうか。

中川さんは、「男子っぽい制服と女子っぽい制服、どちらでも選べますよと言われたところで、結局は選べません」と言いました。中川さんは、カミングアウトして心に合う制服を身にまといたいわけではないのです。中川さんの願いは、ただ「誰にも心の性を知られず、大勢の中に紛れ込みたい」ということなのです。

心の性を第三者が無理やり暴露することは「アウティング」と呼ばれ、それが元で自殺者も出ている大問題だと認知されるようになってきましたが、中川さんは「多くのトランスジェンダーにとって最悪なのは、心の性がバレること」と言います。そして中川さんは「バレたらどうしよう」ということが先行し、そのリスクが１％でも感じられる限りは、「スラックスすら、当事者であればあるほどむしろ選べない」と言いました。

また、「グレー」な性別の子もいます。ＬＧＢＴＱ＋の「Ｑ」は「クエスチョニング」など、はっきりとした性別を示せないことであり、「＋」はさらにそれ以外の多様な性別があることを指します。

学校がＬＧＢＴＱ＋の生徒のことを考えて「ジェンダーレス制服」を導入するのであれば、最低限当事者の声に耳を傾けなくてはなりません。それは働き方改革の議論の時に、教師たちが「現場の声に耳を傾けてほしい」と願ったように。

結局、当事者である中川さんが望んだのは、制服以外に多様な選択肢が認められる、「カラフルな教室」。すなわち、制服と私服の選択制でした。

「そういう生徒に出会ったことがないからわからない」という教師がいるかもしれません。しかし、電通ダイバーシティ・ラボの「ＬＧＢＴＱ＋調査２０２０」によると、日本において自分をＬＧＢＴＱ＋だと自認する割合は年々増えており、２０２０年は８・９％でした。これはおよそ11人にひとりの割合であり、35人学級であれば約３人の生徒がそうした自覚を持っていることになります。私たち教師が「知らない」とすれば、それは「見えていない」だけかもしれません。

また、制服が辛いという生徒は何もＬＧＢＴＱ＋の生徒だけではありません。感覚過敏で制服の生地が肌に合わない生徒、所属を公開して歩くのに抵抗があるという生徒、みんな一律の服装・一律の髪型という息苦しい雰囲気が嫌で混乱してしまいそうだという生徒……。

そんな「多様な」立場が存在するということを、私を含めて、教師は想像しきれているでしょうか。

## コロナ禍が終わってしまう……

２０２1年1月。新型コロナウィルスの大流行が始まってから1年が経とうとしていました。この頃の私は、「今年中にコロナ禍が終息してしまうのではないか……」と考え、ソワソワとしていました。それは、「コロナ禍が終わってしまえば、この間に緩和されたさまざまな校則も全て元通りになってしまうかもしれない」という焦りでした（実際には、新型コロナウィルスに振り回される日々はまだまだ続くことになります）。

そんなある日、内田良さんと話をしていると、内田さんも同様に考えていたようで、「２０２１年は校則改革の年にしないといけない」と言います。いつもは飄々とした内田さんがいつになく決意に満ちた表情で、「１月３日にネット記事を書く！」と言うのです。

内田さんはすでに度々本書に登場していますが、遅ればせながら彼が一体何者なのかを説明しないといけません。

内田良さんは名古屋大学の教授で、Ｙａｈｏｏ！ニュースの執筆やツイッター、書籍やテレビ番組などで誰も目に留めなかったような教育問題をいち早く提起してきた、学校改革のフロントランナーです。「金髪の教育学者」として有名でしたが、２０２３年３月現在は「コロナ禍になってから警戒アラートのつもりで変えた（本人談）」ということで赤髪になっています。

しかし「見た目ではなく発言の中身で判断してほしい」との言葉を証明するかのように、２００７年から子どもが窓の外に乗り出して落下する「学校転落事故」の防止。２０１１年から頭部外傷という事故が繰り返し発生していることを発見した「柔道事故」の防止。広く知られるところですと、２０１４年からの「巨大組体操」の危険性を説いた発信。同年末からの「ブラック部活動」の問題提起など、内田さんが切り開いた学校改革は片手では数え切れません。２０１７年からは、「ブラック校則」や「給特法」の問題について発信を始めました。

そんな私と内田良さんの出会いは、この話の4年前、２０１７年2月でした。学校の働き方改革の講演会に講師として招かれていた内田さんと、講演後の少人数の勉強会で、たまたま隣に座ることになったのです。私が「斉藤ひでみという名前でツイッター発信している者です」と話しかけたところ、「え？　斉藤ひでみ？　知ってる知ってる！」と話が弾んだのでした。あの日、あの講演会に行っていなければ。たまたま隣に座ることがなければ。内田さんが私のツイッターアカウントを知らなければ。その後の私の活動はなかったろうと思います。

その後の内田さんと私の関係はといえば、ほとんど一方的にお世話になってきたようなものでした。「記者会見に一緒に出てもらえませんか」「給特法の本を一緒に作ってもらえませんか」「内田先生のＹｏｕＴｕｂｅチャンネルを作りたいんですけど、いいですか？」などなど、さまざまな活動について内田さんはいつも二つ返事で、「あんたがやることなら、ええよ〜」と引き受けてくれたのです。

さて、そんな恩人である内田さんが２０２１年1月のこの時、校則改善を具体的に進めたいと言います。私は正直なところ「校則問題に口を出したら半分の教師を敵に回すからなあ……」と思い、陰から応援させてもらいたいと願いつつ、「では内田先生が書くという記事が

Ｙａｈｏｏ！ニュースのトップに紹介されたら、僕も乗ることにしますね」と、丁半博打《ちょうはんばくち》のような賭けを行いました（丁か半かで占う二択の賭けごと。ただしお金を賭ける賭博は犯罪です）。

Ｙａｈｏｏ！ニュースのトップに上がるのは、山のような記事の中のほんのひと握り。本当は丁半博打を10回連続で当てるようなものです。つまり、私にとって甚だ勝率の高い賭けでした。

そんなこんなで、結果はというと。

内田さんの記事は鮮やかにＹａｈｏｏ！ニュースのトップページに掲載されてしまいました。

> ２０２０年、学校教育はコロナ禍にあって、臨時休校や9月入学、校内の感染リスクなどが話題になった。じつはその陰で、少しずつ動いてきたことがある。「校則」の緩和だ。マスクは、白色以外は禁じられていたが、コロナ禍のマスク不足で多様な色が認められるようになった。一方で、マスクが手に入りやすくなった今日、徐々に揺り戻しの動きもみられる……。（Ｙａｈｏｏ！ニュース個人・内田良「理不尽な校則 なぜ変わらないのか」２０２１年1月3日）

## 制服と私服の選択制

今日の「ブラック校則」問題の発端となったのは、２０１７年に大阪府立高校の元生徒が、学校から「黒染め強要」をされたとして起こした裁判です。その後、ＮＰＯ法人代表者らが発起人となって「ブラック校則をなくそうプロジェクト」が立ち上がり、世論喚起を始めました。

それとともに、内田良さんや苫野一徳さんといった教育学者、弁護士を中心とした市民団体などが校則改善を訴えたり、工藤勇一元麹町中学校長や西郷孝彦元桜丘中学校長の学校改革に関する書籍も話題となりました。また、後述の「日本若者協議会」を中心に現役高校生も声を上げ始めました。国会議員、地方議員も議会で度々校則問題を取り上げ、保護者も議論に加わりました。

しかし当の教師はと言えば、この問題にダンマリを決め込んでいるように見えました。右のような改革派の校長はともかく、教諭の立場で校則問題について公に発言する人を、私はまったくと言っていいほど知りません。しかし当然ですが、教師の中にもいろいろな考えの人がいて、行きすぎた校則を何とかしたいと思っている教師も少なくないのです。

「教師だっておかしいと思ってる！」、それが伝わるだけでも救われる子がいるはずだと思いました。

２０２１年１月、私はえいやと、３度目のオンライン署名に挑戦することにしました。

**「【令和の校則】制服を着ない自由はありますか…？　制服は強制力のない『標準服』にして行き過ぎた指導に苦しむ生徒を救いたい！」**

私は、現職教員です。コロナ禍の学校生活で、少しだけ改善されたことがあります。それは、制服・私服の選択制が取り入れられたことです。

制服は、ウィルスが付着しても手軽に洗濯することができません。それを気にする生徒もいるだろうと、配慮されたのです。

選択制になった結果、約半数の生徒が制服で登校し、約半数の生徒が私服を組み合わせた格好で登校します。そのことで特段問題が起きることもなく、いつも通りの学校生活がそこにあるだけです。

いや、前よりもほんの少し自由な雰囲気の、心地よい通学路があります。

コロナ禍でより良く変わったことを維持しつつ、コロナ後も、誰もが安心して通える学校を。それだけを願っています……。

タイトルの「標準服」とは、「学校などの組織において、所属者が着用することが望ましいとされる服装。ただし制服とは異なり、常時着用の義務はなく、推奨されるに留まる」（実用日本語表現辞典）というものです。後述しますが、法的には学校制服というのは全て「標準服」と言った方が正しいものです。それゆえ、公式には「制服」を使わずに、「標準服」という名称を用いる学校や地域も増えてきているようです。

ただ署名では法的な位置づけについては触れず、「制服と私服の選択制」という言葉を使いながら、この方が全ての人にとって過ごしやすい学校になるのではないかと問題提起を行いました。法律論で片をつけるよりも、社会全体の議論を促すことを大事にしたかったからです。

## 制服署名への反響

制服に負担感を抱える子どもやその保護者を中心に、署名には熱烈なコメントが寄せられました。その切実さは、それまでの給特法や変形労働時間制の署名以上だったように思います。

制服署名に寄せられたコメント

> 制服が買えない、着られない子がいます。制服を着られないために、学校に行けない子

もいます。全身が制服や指定品でトータルコーディネートされているために、暑さや寒さに必死で耐えている子もいます。素材が肌に合わない子もいます。制服も私服も選べたら、子どもたちはもっと快適で、学びに集中しやすくなるのではないでしょうか。また、「自分だけ人と違う」「みんなと同じでいなきゃ」と悩まないで済みます。先生方も、細かな制服指導に時間を割く必要はなくなります。中には、心苦しい思いで指導しておられる先生もいます。制服派の子にも、制服が辛い子にも、そして費用負担をする保護者にも、指導をする先生にも優しい、制服と私服の選択制に賛同します。

制服が着られずに学校に行けなくなる生徒なんているの？　という人がほとんどだと思います。実際に辛い思いを抱えている生徒は、ほんのひと握りかもしれません。また辛いと思っていても、それを口に出さずに「３年間我慢しよう」と考える生徒も多いです。ですから、その困り感は実態以上に見えにくいものです。

仮にですが、制服が心底辛いと感じている子が、３００人にひとりだとします。２９９人にとっては、「そんなこと考えたこともなかった」問題なのです。しかしそのひとりにとっては勉強どころではなく、それこそ生きるか死ぬかというほどの大問題です。

制服を着られない子が「一部」だとして、自分の息子や娘が「その子」だったらどうするでしょう。そんな親や、学生時代に辛かった経験を持つ当事者、そういった事実が存在することを知っている人は、制服署名を熱烈に支持してくれたのだと感じます。

では、３００人にひとりのために、学校全体を変えるべきでしょうか。

もちろん変えるべき、私はそう思います。

ひとりの命を救えない学校に、みんなの命を救えるわけがないからです。

しかし現実には、往々にして「そういう『わがまま』な子は制服のない学校に通えばよい」という反応が寄せられてしまいます。実際は、制服のない公立学校などほとんど存在しないのに、そんなふうに心なく切り捨てられてしまうのです。

私は、そのように切り捨てられた生徒たちが定時制高校に通い、長い期間をかけて失われた時間を取り戻す様を見てきたものですから、全国の学校がもう少し柔軟な対応をするよう変わるべきだと感じてきました。学校が多様なあり方を認めることが、多様な生徒を受け止める唯一の手段であって、そうした教育が今よりももっと多様な社会を作るのです。多様な社会というのは少数者に優しい社会であって、一人ひとりの意見や自由、権利が尊重される「民主主義社会」そのものです。

そもそも、公立教員というのは子どもの持つ「教育を受ける権利」を保障するための仕事であり、その役割を果たす代わりに税金から給料を受け取っていると考えます。「うちの校則に従えなければ辞めてもらっていい」などと偉そうに言えるものではなく、困り感を抱えている全ての子どもの教育権をいかに守るか。それを考え続けることこそが教師の職務だと思うのです。

憲法には、次の条文があります。「すべて国民は、法律の定めるところにより、その能力に応じて、ひとしく教育を受ける権利を有する（憲法第26条）」。これを受けて、教育基本法には次のようにあります。「すべて国民は、ひとしく、その能力に応じた教育を受ける機会を与えられなければならず、人種、信条、性別、社会的身分、経済的地位又は門地によって、教育上差別されない（教育基本法第4条）」。

「制服に違和感がある」という意見を、学校側が教育上差別してはいけないですし、そもそも「この服を着なければ公教育を受けさせない」という発想に疑問を感じるべきだと思います。

この憲法や教育基本法の条文は、教員採用試験を受けるにあたって学ぶものであり、採用されて現場で働く際は、憲法遵守の「服務の宣誓」を行います。憲法を守り、教師自身がその精神を体現し、憲法の理念を子どもたちにも伝えていく。それこそが、教育公務員たる者の使命です。

署名を開始する直前、現役の中学校教師から次のようなメッセージをもらい、制服の問題に葛藤している教師は私だけではないことを知りました。

私が担任として受け持っている生徒に、制服を着ずに体操服でいようとする子がいます。私の気持ちとしてはそれで構わないと思うのですが、学校としては許されないというので、泣く泣く指導をしています。私はその生徒に対して、「嫌かもしれないけどルールは守らないといけない」と指導し続けなければならないのでしょうか。

## 大臣政務官との面会

２０２１年3月26日、およそ2ヶ月間で集まった１万８８８８筆の署名を文科省に提出しました。

受け取りに出てきてくれたのが、文科大臣政務官の鰐淵洋子さんです。給特法や変形労働時間制の署名では、事務次官などの官僚と話し合いを行ってきましたが、この時はさらに上の役職であり、大臣・副大臣に次ぐ立場の政治家と面会を行うことになったのです。

私のような一教師が、なぜ大臣政務官に時間を作ってもらえたのかというと、それは室橋祐貴さんの存在があったからでした。

室橋祐貴さんとは、若者の意見を政治に反映させるために活動する、日本若者協議会の代表理事です。室橋さんは校則問題にいち早く目を向け、２０２０年から「学校内民主主義」を実現するという目標で、「校則改正プロセスの明文化」「校則改正における生徒参加」などを文科省に提言していました。

特に２０２１年1月に、高校生5人とともに行った記者会見は衝撃でした。顔と実名を明かし堂々と文科省で意見を述べる高校生たち。それを導く室橋さんの姿を見たとき、「この人は一体何者だ」と思ったものです。すぐさまインターネットで検索すると、「室橋祐貴　何者」という検索ワードが出てきて、ああ皆同じことを感じているのだなと思いました。

特に目を引いたのが、室橋さんの身だしなみでした。会見に臨む高校生たちが制服を乱れなく着こなす中、室橋さんだけはボッサボサの髪にジーンズ、上は真っ黒のパーカという出で立ちだったのです。内田良さんと同じく「人は見た目ではなく、発言の中身で判断してほしい」と言わんばかりでした。

室橋さんにひと目惚れし、すぐさま連絡を取りました。私の制服署名の賛同人になってくれないかと打診したのです。室橋さんは私のことを知っていてくれたようで、二つ返事で引き受けてくれました。そして若者が望む政策実現のためにあらゆる政党と結びつきを作っていた室橋さんが、署名を届けるのであれば鰐淵洋子さんが最適ではないかと、間を取り持ってくれたのです。

署名手交当日。

大臣政務官の部屋の前には、たくさんのメディアが並んでいました。２０２１年は、１月の内田良さんのＹａｈｏｏ！ニュースのバズりから始まり、室橋さんと高校生による記者会見。２月には「ブラック校則」議論の発火点となった「黒染め強要」を巡る裁判の地裁判決。３月には国会で「(体操服の下の)肌着禁止」という「ブラック校則」について質問が行われるなど、署名提出までに校則の話題が繰り返し報道されていました。私の署名も１月に開始して以降提出までの間に、テレビやネット記事などで度々取り上げられました。内田さんが１月３日に「２０２１年は校則改革の年にする」と決意を述べた時には全く見られなかったムーブメントが、わずか３ヶ月間で一気に盛り上がったのです。

私がこの日、鰐淵さんに届けたいと思ったメッセージは２つでした。ひとつは、「現場の教師も校則問題を何とかしたいと思っている」ということ。もうひとつは、「そのために文科省もできる限りのことをしてほしい」ということです。

この時まで、文科省は校則問題について遠慮がちなスタンスだったように感じます。

実は校則というものは、法律にも学習指導要領にも記載がなく、法的根拠を持たないものでした。あくまで「指導」のために各学校が独自に定め運用しているという位置づけなのです。それゆえ、その管理監督を各地の教育委員会が行うことはあっても、文科省として積極介入すべきではないという認識があったように思います。

多少専門的な話になりますが、校則に関して国に伺いを立てるような私の態度は、戦後教育学の立場からはご法度と言われてもおかしくないものです。戦前の国主導による教育が戦争へと向かう国家総動員体制を招いたという反省から、教育は政治から独立して行うべきという大前提が戦後教育学にはあります。教育委員会制度も形骸化が指摘されつつも、地方行政から独立した教育執行機関としての役割を担っているのです。校則については、各学校や教育委員会が権限と責任を持って対処すべき問題であり、現場からお願いをして国家の介入を求めるということは、いわば戦後教育学の否定・現場の白旗であるとの理解も可能なのです。

それでも私は「文科省にも関わってほしい」と訴えました。子どもの安全安心に関わることについては、そういった細かい話は抜きにして、現場も動く、だから国もできる限りの線でギリギリのアクションを起こしてほしいと願い出たのです。

署名表紙には朱書きで、「文科省も『理不尽校則』解決にコミット下さい！」というメッセージを添えました。そして、署名とともに校則問題を全般的に解決するための要望書を作成し、鰐淵さんに託したのです。

### 「標準服」の徹底と理不尽校則の廃止に関する要望書

一　要旨

数年前から度々理不尽な校則が報じられ、社会問題となっています。また、文科省「児童生徒の問題行動・不登校等生徒指導上の諸課題に関する調査結果（令和元年度）」において、「学校の決まりが原因で不登校となった小中高生」は５５７２名と示されており、教育を受ける権利が脅かされる事態ともなっています。この問題の抜本的解決にむけて、国としても何らかの具体的対応をお願いしたく、要望書を提出します。

二　要望事項

「学校と社会のつなぎ役」である文科省には、通知やガイドラインによって、理不尽校則の問題解決に積極的に関与して頂きたいと考えます。

（１）制服を着たくない・着られない生徒がいる中で、学校に制服を強制する権限があるのかどうか、つまり日本国憲法や教育基本法に照らして考えたときに学校において定められるのは強制力のない「標準服」までなのではないか、見解を表明してください。

（２）服装や身だしなみ指導、そのほか校則に関する規定や罰則がどうなっているのか、全国的に調査してください。

（３）学校の校則や決まりをホームページで公開するとともに、全ての児童生徒や保護者がそれについて意見できる体制をつくるべきことについて、見解を表明してください。

（4）人権侵害、人格否定、心身の健康を害する校則や決まりは即刻廃止すべきであると、教育委員会に通知してください。

（5）公共空間である公立学校において校則はどうあるべきか、校則の目的や成立要件、学校長の権限、校則の改正プロセス、どういった校則は許されてどういった校則は許されないのかという、全国の学校が準ずるべき校則の原理原則をガイドライン等に定めてください。

公立学校教員　西村祐二

鰐淵さんは言葉を選びながら、「国としてもできる限りのことに取り組みます」と述べてくれました。もともと20分間の予定が30分以上続き、ようやく懇談を終えて部屋を出たところ、待っていた報道陣に囲まれました。記者から「次の動きは何か考えていますか？」と問われましたが、「伝えるべきは伝えました。次の一手は私にはありません」と答えました。

## 校則に傷つく子どもたち

要望書の要旨に記しましたが、「学校の決まりが原因で不登校となる小中高生」がいます。

その数は、２０１９年度（令和元年度）調査で、小中高合わせて５５７２人と明らかになっています。２０２０年度は３７５１人、２０２１年度は４２６４人と、令和元年に比べてその数は減少するのですが、これはコロナ禍で校則指導が緩和されるなど、学校のあり方が変わった結果ではないかと考えます（一方、コロナ禍で不登校の全体数は大幅に増え、深刻な問題となっています）。２０１８年度まではどうだったかというと、２０１９年度以降と質問の仕方が若干異なるものの、毎年６千～７千人台でした。

　この数について、どう思われるでしょうか。
一点気をつけないといけないのは、これは学校に聞き取った数字であり、生徒本人に直接尋ねたものではないということです。ＮＨＫが２０１９年に文科省調査と質問を合わせる形で不登校の中学生３７８人に直接尋ねる調査を実施したところ、不登校の要因として「学校の決まりや校則」を挙げた生徒は、全体の21％に上りました。同じ時期の文科省調査では不登校全体の３・５％となっており、本人に尋ねるか学校に尋ねるかで、その差は実に6倍の開きがあったことになります（ＮＨＫ「不登校、その先を考えてほしい」２０１９年8月10日）。

　また不登校まで至らなくても、校則で辛い思いを抱えている生徒は数多くいると推測されます。不登校とは、文科省の定義では「病気や経済的な理由以外で年間30日以上欠席した児童生徒」を指します。しかし年間30日まで至らなくても、校則で辛い思いを抱え、その一歩手前まで陥る生徒も少なくないと考えられるのです。例えば前述の、制服が辛かったというトランスジェンダーの高校生、中川さんも、欠席は多かったそうですが、かろうじて不登校までは至っていません。

私は校則に関する情報発信を始めてから、岐阜市内で「校則に傷つく子どもたち」というイベントを開き、教師と市民でこの問題を考える機会を設けました。その時、参加してくれた23歳の女性が、「高校時代にスカート丈が数センチ短いと言われ、イエローカードを渡されて辛い思いをした」と打ち明けてくれました。

「イエローカード」とは、岐阜県を含めていくつかの自治体で行われている、身だしなみ違反を見つけたときに渡す指導用カードのことです。何回かカードが渡されると、複数の教師による長期指導に発展するというものでした。

私自身は渡したことがないものの、どちらかというと教師は気軽な警告のつもりでそれを渡していたように思います。一方その女性にとっては、友だちの前で「あなたは間違った生徒だ」と宣告される「公開処刑」だと感じたというのです。高校卒業からしばらく経っているにもかかわらず、「私はそんなに酷い格好でもなかったはずなのに」と、心の傷になっているようでした。

この件はメディアが追加取材をして、イエローカードに関する学校側の言い分を放送しました（ＮＨＫ「校則違反で『イエローカード』『スタンプラリー』？　〝カード指導〟の実態とは」２０２１年10月15日）。

そこで紹介された教師の声は、「地域から身だしなみが悪いという意見を聞くと厳しく指導しないといけないと思う」「身だしなみの悪さから企業の求人が止まったら生徒の将来にも影響する恐れがある」「複数の教員でひとりの生徒とコミュニケーションをとるいい機会になっている」というものでした。

私はイベントや報道を通じて、大変反省してしまいました。

学校側が安易に身だしなみ指導を行っていても、生徒にしてみれば大きなショックを受けることがあるのです。本人に違反をしている自覚があり、カードを渡された時に「仕方ないか」と受け取ってくれる場合もありますが、そうでないかもしれません。

一つひとつの「指導」を生徒がどのように感じ取るのか。それが理不尽な要求であればなおのこと、生徒はどう感じるでしょうか。

今一度、教師としての自身の振る舞いを見つめ直さなくてはならないと思いました。

## 文科省が動いた

署名提出から２ヶ月半後の２０２１年６月８日。

青天の霹靂《へきれき》（思いがけない出来事）でした。

突如として文科省が、校則見直しを全国的に促す通知「校則の見直し等に関する取組事例について」を発出したのです。

> 学校における校則の内容や校則に基づく指導に関し……必要かつ合理的な範囲を逸脱しているのではないかといった旨の指摘もなされています。……学校を取り巻く社会環境や児童生徒の状況は変化するため、校則の内容は、児童生徒の実情、保護者の考え方、地域の状況、社会の常識、時代の進展などを踏まえたものになっているか、絶えず積極的に見直さなければなりません。……校則の見直し等に取り組んでいただきますようお願いいたします。
>
> （文科省「校則の見直し等に関する取組事例について」２０２１年６月８日）

通知の趣旨は、自治体や学校による校則改革の優良事例を全国に紹介するというものでしたが、これまでとは異なる趣きを感じました。その予感を証明するかのように、１ヶ月後の７月７日、今度は校則を含む生徒指導の根本的考え方をまとめた「生徒指導提要」を12年ぶりに改訂するための「協力者会議」が始まったのです。

なぜ、文科省は重い腰を上げたのでしょう。

長年教育現場を取材してきた朝日新聞編集委員の氏岡真弓さんは『校則改革』（東洋館出版社２０２１年）の中で、その理由をひと言で「世論の変化」と表現しました。

前述の通り、「ブラック校則」の社会問題化は、大阪府立高校の元生徒が「黒染め強要」をされたと訴えた裁判から始まりました。その後、ＮＰＯ法人代表者、研究者、弁護士、国や地方議員、高校生、保護者、そして教師といった多様なプレイヤーがそれぞれの立場から一斉に声を上げました。どれかひとつの立場からの訴えであれば、国が動くことはなかったと思います。まさにオールジャパンの関心事である、この「世論の変化」は無視できないと判断されたのでしょう。

このことは、今後教師の働き方改革を動かす上でも大きなヒントになります。当事者以外を含めて、ありとあらゆる立場の人が「それはおかしい」と言い出して初めて、国を動かすムーブメントが起こるのです。

しかしこの報道に触れて感じたことは、これはゴールではなく、ここからが本当のスタートだということです。校則改革は教育現場において極めて優先度の高い課題である。国も動く、だから現場も議論を進めよと明示されたのです。

文科省の決断に感謝するとともに、私は兜の緒を締め直しました。

# 校則見直し会議で述べたこと

さっそく国の審議に影響を与えようと、２つのことに取り組みました。ひとつは、友人の中学校教師に誘われ、『校則改革』という本を手掛けることにしたこと。もうひとつは、日本若者協議会の室橋祐貴さんに誘われ、生徒指導提要改訂の視点を国に先駆けて示すことです。

時を同じくして岐阜県内でも行動を開始するのですが、それは後述します。

さて、室橋さんに誘われ、現役高校生や西郷孝彦元校長、弁護士や教育学者とともに、月１〜2回のオンライン会議に参加することになりました。会議の模様は今でもＹｏｕＴｕｂｅ上で「校則見直しガイドライン作成検討会議」と検索すると視聴できます。この中で私がプレゼンを行ったのは、第4回会合（２０２１年8月23日）でした。

私が校則見直しの視点として特に強調したのは、次の3点です。

１つ目は、果たして学校側にどこまで生徒の行動を制限する権限があるのかということ。大前提として、校則というものは法律に定めがありません。その上で文科省通知の別添資料（改訂前の生徒指導提要からの引用）では、「判例では……校則を制定する権限は、学校運営の責任者である校長にある」としています。確かに、通知にある「欠席や早退等の手続き」「登下校の時間」などに関しては、校長に決定権が委ねられてしかるべきと考えます。他方で、本章で度々指摘している「身だしなみ」については、実は裁判例からは学校側が制服着用を義務づけたり、制服を着ないことを理由に懲戒を行うことはできない旨が示されているのです。

例えば、「小野市立中学校丸刈り校則事件（最判平成8・2・22）」の最高裁判旨では、制服や髪型校則について、「これらの定めは、生徒の守るべき一般的な心得を示すにとどまり、それ以上に、個々の生徒に対する具体的な権利義務を形成するなどの法的効果を生ずるものではない」と述べられています。つまり、身だしなみ校則はあくまで字義通りの「心得」であり、それは言わばマナーのようなものであって、強制力や懲戒を伴うような生徒側の「義務」ではないということです。

基本的人権が何よりも尊重される近代社会において、それでも人権に制約がかかるのは、「公共の福祉に反する時」です。これは平たく言えば、「自分の自由を主張することで他者の自由を侵害する時」ですが、他人に迷惑をかけるほどでもない身だしなみについて、学校であろうと生徒の自由権を制限することは厳密に言えばできないのです。

この数年間、コロナ禍での日本の行動制限は法律に基づくものではなく、それゆえあくまで「自粛の要請」に過ぎないという前提がありました。それと同様に、校則も法的根拠を有するものではなく、例えば制服に関しては購入も着用も学校から強制はできません。学校ができるのはあくまで派手な身だしなみの制限を呼びかける「自粛の要請」です。法律論から考えると、学校制服というのは「学校のおすすめファッション」に過ぎず、どこまで行っても学校側に「自粛の強制」はできないのです。

身だしなみと同様に、学校外の生活についても、「こうした方がよい」と言うことはできても、「こうしなければならない」と強いる権限は学校側にありません。放課後の部活動の強制加入はもちろん、しばしば見られるアルバイト禁止や外泊禁止といった校則も、本来は学校側が積極関与すべきではない私生活の領域と考えます。

2点目は、校則のホームページ公開を義務づけることです。

校則として社会にはないさまざまな「特殊ルール」を設けるのであれば、それは合理的と認められる範囲内の必要最低限のものでなければならず、その「内容」はもちろん制定の「理由」とともに、学校外に向けて「説明責任」が果たされる必要があります。また、校則に違反した時に何らかの指導や懲戒が科されるとしたら、それも事前に公開しなくてはなりません。これは通知の別添資料にも、「校則に反する行為があった場合に、どのような対応を行うのか、その基準と併せて周知することも重要」と記されていることです。

最後に3点目として、今後の校則議論のための「基準（ガイドライン）」を作るべきということです。

通知の別添資料には「校則の内容については、学校の専門的、技術的な判断が尊重され、幅広い裁量が認められる」とあります。そこには「社会通念上合理的と認められる範囲で」という制限がつくものの、実際には校則制定について大幅なフリーハンドが校長に認められていると言えます。

しかしこの間「ブラック校則」が明るみに出て痛感したことは、「学校もしばしば間違いを犯す」ということです。つまり、教師も判断を間違える、校長も判断を間違えるという前提こそ必要なのです。

そこで今後、各学校で校則議論を行う際の拠り所となる「校則の基準」を共通了解として定めた方がよいように思います。私が考える校則の基準は、主にネガティブ・リスト（禁止項目）ですが、次のようなものです。

①人権侵害を生む規定は禁止、②健康を害する規定は禁止、③理由が説明できない規定は禁止、④「小中高校生らしさ」等の抽象的理由は禁止、⑤性差を前提とした規定は禁止、⑥過度な経済的負担が生じる規定は禁止、⑦私生活の拘束は不可、⑧制服・標準服の購入と着用は強制不可。

では制服や標準服以外にどのような身だしなみが許されるかといえば、突き詰めて考えれば、⑨他者の権利や安全安心を侵さない限り、身なりは原則自由、となると考えます。

こうした基準は校長や教師のみでなく、生徒や保護者が校則見直しに参加するとすれば、生徒も保護者も従わなくてはならない議論の際の共通了解です。このような「基準」は自治体ごとに、もしくは学校ごとに定めているところもあるようです（熊本市、神戸市ほか）。

会議ではこうした私の意見のほかに全ての委員がプレゼンを行い、日本若者協議会が事務局となって提言書が作成されました。提言書には、「校則は、児童生徒を縛るためではなく、学ぶ権利を含む児童生徒の自由や人権を保障するためにある」と記され、「校則の内容は、憲法、法律、子どもの権利条約の範囲を逸脱しない」などの具体的提案がまとめられました。

２０２１年10月、国に提出すると、生徒指導提要改訂の会議で資料として配布されました。

## 任命権者への直訴

国への提言作成に関わるとともに、制服署名と校則見直しの要望書を、文科省だけでなく教育委員会にも持っていこうと考えました。

国が校則改革に乗り出したとはいえ、署名で求めていた「学校において定められるのは強制力のない『標準服』までなのではないか」については、国からはゼロ回答だったからです。これはやはり、より現場に近い教育委員会に求めるべきだと思いました。

熟慮の結果、署名の提出先として狙いを定めたのが、校則改革の先進自治体であり、私自身が勤務する岐阜県の県教育委員会でした。しかしこれは過去にないほど迷い、相当な覚悟を要する決断でした。

働き方改革も校則改革も、それまでの文科省や国会へのアクションは、自身の日常勤務とは直接関わりのない、どこか遠くへの働きかけのように感じていたのです。しかし自身が勤める自治体の教育委員会へとなると、話は変わります。それは、自身についての人事権を持つ「任命権者への直訴」となるのです。報復人事など、いよいよ自分の身に何かが起こるかもしれないと思いました。

また県教育委員会に訴えたところで、普通に考えたら、「あなたは県立高校の教諭なのだから、校則については勤務校の中で話し合いなさい」と言われてしまうのが関の山です。

さらに誤解を恐れずに言えば、今回の行動は自分でも呆れるほどに、私個人にとっては何のメリットもない訴えなのです。生徒の制服と私服の選択権について、そこまで私がリスクを負ってやるべきなのでしょうか。

それでも当然やらなくてはならないと思ったのは、岐阜県内にこの問題に苦しんでいる生徒がいることを知っていたからです。前述のトランスジェンダー高校生・中川さんもそうですが、もうひとり、勤務校近くの中学校に通うカスミさん（仮名）のことが頭にありました。

カスミさんもまた、制服に違和感を持つ中学生でした。しかし彼女はトランスジェンダーではありません。自分でも理由がわからないということでしたが、どうしても制服を身にまとうことができなかったのです。

カスミさんの例は、この問題をより深く考える視点を与えてくれます。性別違和感や感覚過敏以外の理由で、制服にアレルギーを持つ生徒が現に存在するのです。

カスミさんは制服への拒否感がひとつの理由となり、中学2年生の頃から不登校になったそうです。保護者と一緒に「制服以外の格好で登校させてもらえないか」と相談したところ、学校からは「ジャージ登校してもよいが、制服を着られないのであれば教室には入ってもらえない」と言われ、別室登校を余儀なくされました。

しかしそんなカスミさんの学校もまた、コロナ禍がルールを変えてくれました。その学校では感染拡大期においてはむしろ制服登校が「禁止」され、全員がジャージで授業を受けることになったそうです（制服よりもジャージの方が洗濯しやすいからでしょう）。カスミさんもようやくジャージのまま教室に入ることが許され、この頃カスミさんはみんなと一緒に授業を受けることができていたそうです。

しかし、です。

ひとたび感染が落ち着くと、カスミさんの学校ではまた制服の着用義務が復活してしまいました。そして再び、ジャージのカスミさんは教室に入ることが許されなくなってしまったのです。

なぜジャージで教室に入ることがそんなにいけないのでしょう。なぜ制服でなければ教育を受けさせてもらえないのでしょう。教育を受けさせる義務が大人にあるという、この国の憲法はどこへ飛んで行ってしまったのでしょうか。

そんなある時、テレビの取材を受けたカスミさんは、次のように語りました。「他の子は全部青だけど、自分だけ赤が１個だけあるみたい」（ＮＨＫ岐阜「制服か私服か選べるように」２０２１年2月12日）。私がカスミさんのことを知ったのは、この報道を通じてでした。

この言葉を聞いたとき、私は泣きそうになってしまいました。「どうしても自分は皆と同じになれない」「自分だけおかしいのではないか」、子どもをそんな気持ちにさせていたのです。

本来、それぞれが持つ心の色は、一人ひとり違うはずです。各々が個性の色を発揮して、教室全体がカラフルになれば、誰かひとりが赤色だろうがその色は全体に紛れて目立つこともないのです。全体を無理やり一色に統一しようとするから、ひとりの赤色が目立ってしまい、「私は悪い子なのではないか」と自分を責めることになってしまうのです。

これこそが、一律に横並びを求める校則の恐ろしさではないかと思います。理由もわからぬまま、「あなたも周りと同じ色になるべきだ」「なぜあなたは皆と同じ行動が取れないのか」と、無意識の同調圧力や罪悪感を子どもたちに植えつけているのです。これは「隠れたカリキュラム」として生徒に学び取られ、法律とは関係なくあらゆる場面で「みんな同じ」を求め、求められ、そこから外れる人は後ろ指を指されるという、空気に支配される国を作っていきます。

ともかく、カスミさんのような子が我が岐阜県にもいる。ここに教師や教育行政こそが向き合わなくてはならないのではないでしょうかと、県教育委員会に伝えたいと思いました。

自分のためであれば、こんな行動はできなかったと思います。誰かのためであればこそ、人はなけなしの勇気を振り絞ることができるのです。

## 教育委員会からの回答

それでも、さすがに県立高校教諭の肩書きではまずいだろうということで、「学校教育を語り合う教員と市民の会代表」という、県内のイベント活動で使っていた肩書きで署名提出を願い出ました。期せずして、ジェンダー問題に理解のあった県議会議員の平野恭子さんが間を取り持ってくれたことで、教育委員会事務方トップの教育次長を交えた署名と要望書の手交が実現しました。

２０２１年7月30日、私はカスミさんを伴い、県教育委員会を訪ねました。カスミさんが

「自分の口で教育委員会の偉い人に伝えたい」と言ってくれたからです。
その日、教育委員会からは幹部職員を含め、７名が出席しました。私たち署名提出者は４名。その周りを、テレビカメラや記者がずらりと取り囲みました。

「教員と市民の会」代表の高校教諭、西村祐二さんによると「学校で制服を着ない自由はありますか？」と掲げ、一月からオンラインで署名活動を開始……県教委に出した要望書では、公立学校では着用義務のある制服か、着用義務のない標準服かを明らかにするよう求めたほか、校則の記載を制服から標準服に修正することや、校則の原則を示したガイドラインを作るよう要望した。
県教委の幹部らと面談した県内の中学三年の女子生徒は、制服への違和感が一つのきっかけで不登校になった、と訴えた。違和感を「言葉に表せなくて戸惑った」としつつ、制服を見るたびに気分が沈むようになったと説明。先生に「教室に入るなら制服を着た方がいい」と求められ、登校がおっくうになっていったという。「なぜ制服を着なければいけないのかわからなかった」と語った。

（中日新聞「県教委、制服は『１００％義務ではない』署名2万人、提出受け認識示す」7月31日）

教育次長は、「現状はよく理解できました」と話した上で、その場で「制服の着用は義務的ではあるが、１００％の義務とはいえない」（岐阜新聞、２０２１年8月11日）との見解を示しました。

え？？？

これには提出者一同、顎が外れるほど驚きました。

学校制服は着用義務のある「制服」ではなく、着用義務のない「標準服」であるということが暗に示されたのです。これは前述の最高裁判旨、「（身だしなみ校則は）個々の生徒に対する具体的な権利義務を形成するなどの法的効果を生ずるものではない」といった司法判断を踏まえた回答だったと思いますが、私たちの主張が半ば正しかったことが証明されたのです。

署名や要望書を丁重に受け取って去っていく教育委員会に、私は心の中で深々とお辞儀をしました。

しかし、大喜びする気持ちにはなれません。カスミさんが学校から否定され、不登校に苦しんだ日々は取り返せないからです。ジャージのまま登校したからといって、教室に入室するのを拒否される謂《い》われはなかったのです。

カスミさんに感想を求めると、彼女はこう言いました。

「そもそも私が中学生の間に、学校が変わると思いません。でも私には妹がいるんです。私は下の子たちのために勇気を出して動こうと決めたんです」

決して学校を責めないカスミさんを見て、彼女は居並ぶ大人よりもずっと大人なのだと感じました。

## 岐阜県が変わった

岐阜県ではこのオンライン署名を含め、コロナ禍で学校制服や校則に関する議論が度々行われました。

県立加納高校では、コロナ禍で私服が認められたことを機に生徒会が継続して話し合いを行い、ついには校則を変更して、コロナ後も「制服と私服の選択制」を続けることが決まりました。

県立岐阜北高校では、私服を許可する試行期間を設け、生徒・保護者・教師の意見を集約し、それを元に対話を重ねました。目を見張ったのは、ある生徒が「自分は毎朝の服選びにかける時間がないから制服の方がいいが、私服を着て自分らしい格好をしたい人もいると思うので、強制的に私服か制服かにするのではなく、どちらも選べる対応を取るのが一番いい」との意見を述べたことです（ＮＨＫ「ニュースウォッチ９」２０２１年２月16日）。「私はこれがいい。だからあなたもこうしなさい」ではなく、「私とあなたの意見は違うが、私はあなたの意見を尊重する」という、まさに民主主義の根幹を理解した発言で、この生徒もまた十分に大人なのだと感じ入りました。

　私の勤務校でも、コロナ禍で「制服と私服の選択制」が始まり1年が経ったとき、生徒・保護者・教師にアンケートを行いましたが、その結果は予想を超えるものでした。コロナ後を見据えて、学校内での服装について「制服のみ」「制服と私服の選択制」「私服のみ」の3択で意見を求めたところ、生徒は制服のみを支持する割合が13％、制服と私服の選択制が75％、私服のみが12％。保護者は制服のみが23％、制服と私服の選択制が67％、私服のみが10％でした。最も保守的だったのは教師でしたが、それでも制服のみが30％、制服と私服の選択制が55％、私服のみが15％。教師の「制服のみ」を支持する割合はわずかに3割だったのです。

　本章扉のエビデンスでは、「生徒は制服を着用すべきだと思う」教師は69・2％でした（N＝458）。これは中学校教員を対象としたものですから一概に比較はできませんが、実践を重ねることで教師の意識も随分と変わる可能性があることが感じられます。

　勤務校ではコロナ禍で数年間「制服と私服の選択制」を行い、身だしなみ指導も一切やめたところ、そのあまりに快適な学校生活に、「制服のみ」に後戻りできないような実感がありました。実際に、制服と私服の選択制にしたところで、生徒がおしゃれに気を取られて学力が下がることもなければ、不良化して手がつけられなくなるわけでもない。貧富の差が鮮明化していじめに発展するわけでもない。毎日の服選びに困るわけでもなく、みんな毎日同じようなTシャツとかスウェットとか、ラフな格好で登校するだけだったのです。

　これは「制服かトレーニングウェア等か」という、私服にも抑制的なドレスコードを設けたことが奏功したのかもしれません。そうだとすれば、全国の学校も「制服かトレーニングウェア等か」という選択制から始めればよいのだと思います。驚くほどトラブルは起きませんし、この方が多くの生徒、保護者、教師にとって過ごしやすい学校空間になることがわかってもらえるでしょう。

　教師にとっては、多忙極める日常勤務の中で、身だしなみに関する指導が必要なくなれば、それに越したことはないはずです（図2―2）。

　念のため述べますが、「制服と私服の選択制」の場合、

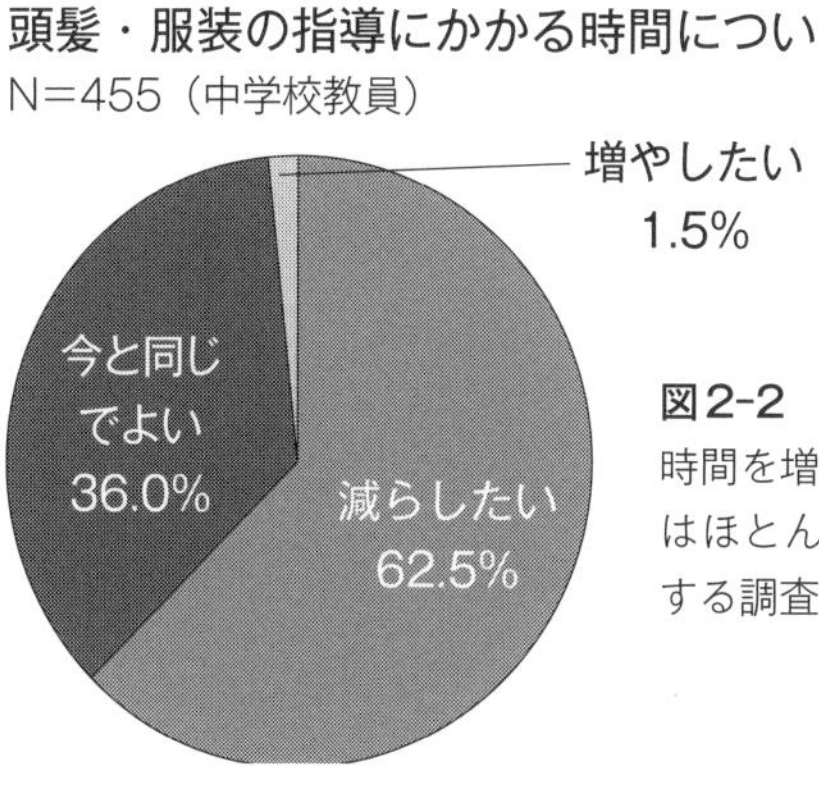


**図2-2**　頭髪・服装の指導にかける時間を増やしたいと答える中学校教師はほとんどいない。（学校の業務に関する調査より）

「制服は毎日の服選びに困らなくていい」「制服の方が安上がりだ」と考える生徒や保護者は、制服を選択すればよいのです。決して制服を否定するものではなく、単に日常の「選択肢を増やしましょう」というだけの話です。「制服と私服の選択制」には、学校が荒れる「かもしれない」という不安は表明できても、論理的な反対意見はほとんどないはずです。

一方で「制服のみ」を求めるというのは、制服に拒否感がある生徒に対してまで「あなたも毎日制服を着なさい」と強いることであり、学校はなぜそれを行うのかという理由を一度整理してみた方がよいと思います。

また私たちの願いは、岐阜県教育委員会にもちゃんと届いていたのかもしれません。

２０２２年3月16日、県教育委員会との間を取り持ってくれた平野恭子議員が、県議会の場で制服に関する質問を行ってくれました。

私とカスミさんは質問を行う旨を聞き、議会に駆けつけ、傍聴席からその様子を見守りました。

平野議員「教育長にお尋ねします。校則の見直しが進む中、選択制や標準服化を進める動きが見られますが、今後の制服の在り方について、県教育委員会としてどのようにお考えでしょうか、お聞かせください」

これに対し、岐阜県教育委員会の堀貴雄教育長は次のように答えました。

堀教育長「岐阜北高校では、制服を基本としつつ、季節や状況に応じて選択制を導入、また加納高校では、式典等の指定日を除き制服以外の服装も認めることとされました。県教育委員会としましては、校則の見直しに向けたこうした取り組みは望ましいものと評価しており、とりわけ制服については各学校での伝統や、学校生活を送る上での機能性や合理性、家庭における経済的負担などを考慮しながら、**誰もが過ごしやすい学校づくりに向けて……**議論が進むよう、引き続き各学校を指導してまいります」

（太字と傍点筆者。岐阜県議会、２０２２年3月16日）

振り返れば、教育委員会と懇談を行ったあの日。私たちが勇気を振り絞って訴えたのは、自分のためではなく、これからの子どもたちが誰ひとり学校から排除されることのないよう、「誰もが過ごしやすい学校」を願ってのことでした。それが公式の場で県教育長から認められ、涙を堪えながら、私とカスミさんは傍聴席でうなずき合いました。

## 国の校則基準が変わった

国全体の校則にも、変化の兆しが見え始めました。２０２２年12月、１年以上にわたる議論を経て、校則を含めた生徒指導の手引書である「生徒指導提要」が12年ぶりに改訂されたのです（以下、新提要）。

改訂箇所のうち、特筆したいのは3点です。

①子どもの権利条約が明記された、②性的マイノリティ（ＬＧＢＴＱ＋）への配慮が明記された、③校則見直しを後押しする記述が増えた。

いずれもこの問題に取り組む中で、ここを外してはならないと感じる要点ばかりでした。

まず①について、１９８９年に国連で採択され１９９４年に日本も批准した、子どもの権利条約の基本条文「4つの原則」が明記されました。これまで長年、研究者の間では「憲法や子どもの権利条約が校門の前から引き返していく」と批判されてきましたが、新提要には教職員に向けて同条約を「理解しておくことが不可欠です」と明記され、学校現場にもようやくこれが浸透する兆しが見え始めたのです。

生徒指導を実践する上で、児童の権利条約の四つの原則を理解しておくことが不可欠です。四つの原則とは、第一に、児童生徒に対するいかなる差別もしないこと、第二に、児童生徒にとって最もよいことを第一に考えること、第三に、児童生徒の命や生存、発達が保障されること、第四に、児童生徒は自由に自分の意見を表明する権利を持っていることを指します。

（文部科学省「生徒指導提要」２０２２年、32～33頁）

つまり、「差別の禁止」「児童の最善の利益」「生命・生存・発達に対する権利」「意見表明権」という、ごく当然の児童生徒の権利が確認されたということです。これを原則として考えた場合、「制服が着られない生徒は教室に入るな」という対応は許されないはずです。

②について、これも旧提要（２０１０年）にはなかった項目で、性的マイノリティへの配慮が明記されました。この中には本章でも触れた、自認している性を「知られたくない」生徒がいることについての記述もあります。

「性的マイノリティ」とされる児童生徒には、自身のそうした状態を秘匿しておきたい場合があることなどを踏まえつつ……教職員自身が理解を深めるとともに、心ない言動を慎むことはもちろん、見た目の裏に潜む可能性を想像できる人権感覚を身に付けていくこと

が求められます。（２６５頁）

認定ＮＰＯ法人ReBitの「ＬＧＢＴＱ子ども・若者調査２０２２（速報値）」によると、ＬＧＢＴＱ学生の70・７％が「学校で困りごとをした」、93・６％が「教職員に相談できない」と回答しています。十代ＬＧＢＴＱのうち、過去１年間に「自殺を考えたことがある」と回答したのは48・１％。日本財団による十代全体の調査と比較すると、３・８倍に相当します。不登校率は文科省調査と比較して中学生で５・４倍、高校生で10・６倍。性的マイノリティに寄り添った対応は、学校現場の最優先課題のひとつと言えます。

そして③の校則見直しについては、「教育的意義が説明できないものは見直し対象とすること」「学校ホームページ等で校則を公開すること」「校則制定の背景を明らかにすること」「校則改正プロセスを明文化すること」などの旨が記述されました。

> 校則の内容について、普段から学校内外の関係者が参照できるように学校のホームページ等に公開しておくことや……制定した背景等についても示しておくことが適切であると考えられます。（１０１頁）

> 意義を適切に説明できないような校則については……本当に必要なものか、絶えず見直

しを行うことが求められます。（102頁）

校則を策定したり、見直したりする場合にどのような手続きを踏むことになるのか、その過程についても示しておくことが望まれます。（102頁）

また、旧提要では校則で扱う対象として「制服やパーマ・脱色、化粧」などを例示していましたが、これらの規制にお墨付きを与えかねないとして、新提要では削除されたとの指摘があります（読売新聞、2022年12月7日）。

以上のように、旧提要からの変更点には日本若者協議会や私が要望書等で訴えてきた内容も多く反映されており、そのほかたくさんの人たちの訴えが結実した形となりました。

## 生徒指導提要の限界と可能性

一方で、新提要の定めに限界を感じることもあります。

ここでは、これからの校則議論のために2点指摘しておきたいと思います。

1点目は、校則は「教育的意義を有する」、すなわち「校則は教育」としたことが、校則を変えたくないと考える教師に都合よく利用される可能性があることです。例えば生徒が「なぜヘアゴムの色指定があるのですか」と問うたときに、「おしゃれに気を取られて勉強に集中できなくなるからだ」。例えば「なぜ制服を着なくてはならないのですか」と問うたときに、「学ぶ場にふさわしい格好をするためだ」。こんなふうに、どんな校則にも何かしらの教育的な建前は述べられてしまうものです。

私は校則を教育と結びつけるのではなく、校則は「互いの安全安心や学習権等の権利保障のため」に留めておくべきだったと考えています。しかしそれは致し方ないとして、それならそれで、いっそ校則の「教育的意義」をめぐり教師と生徒が議論し合う、学びの機会に変えてしまえばよいと考えています。

右の例に対しては、「おしゃれに気を取られることがなければいいですか？」「先生はいつもジャージで、なぜ学ぶ場に相応しい格好をしていないのですか？」「リラックスできる服装の方が学ぶ場に相応しいと思うのですが」……などなど、生徒は果敢に教師との問答に挑めばよいのです。問いを立て探究を繰り返すことこそ、令和の教育が最も大切とすることだからです。教師と生徒双方が納得できる「教育的意義」に辿り着けたらそれでよし。辿り着けない場合は、教師も無理筋の校則だったことが実感できるでしょうから、潔く校則改正のテーブルに着けばよいのです。

「ダメなものはダメ」「校則に書いてあるからダメ」という説明ではもはや押し通せないです

し、そもそも校則は生徒を支配するための道具ではありません。

2点目は、校則について「最終的には校長により制定されるもの」と明記したことが、時に校長の「絶対王政」を可能にしてしまうということです。仮に校長が学校内の誰よりも人権意識が高く、民主的思考の持ち主で、公平な裁定を期待できるとすれば、何も心配する必要はありません。しかし残念ながら、全国全ての校長がそんなふうであるとは言えません。生徒や教師がどれだけ時間をかけて話し合い、建設的な提案をしても、校長が考えを曲げずに自分の意見を押し通そうと思えば可能であるのが今の校則の定義です。

例えば、私の暮らす岐阜県でこのようなことがありました。

冬場は日中も氷点下となる岐阜県山間部のとある高校で、生徒会が「黒タイツ」の着用を許可してほしいと学校側に願い出ました。ベージュは着用可能でしたが、黒は校則で禁止されていたのです。しかしベージュは見た目が悪いと生徒に不評で、寒い日でも素足で登校するなど、「身体のことを思いやってほしい」という声が保護者からも上がるような状況でした。

学校との話し合いに際して、生徒会は全校生徒と保護者にアンケートを実施することにしました。集まった回答は、9割が黒タイツに賛成。しかし交渉の結果、学校からは「見た目については主観の問題である」と却下されてしまったのです。当時の校長が述べたのは、「紺のセーラー服、紺のスカート、白のソックス。これが高校の制服だとずっと見てきたし見られてきた」という「学校側の主観」でした。

この学校ではその後、卒業生らを交えた会議が催されることとなり、その席上、全会一致で賛成を得たことから、一転して学校は黒タイツを許可することになりました。

しかし要望が叶ったとはいえ、生徒たちは9割の意見が学校の一存で否定されたと、わだかまりを残す結果となったそうです（吉川裕基「誰の声によって校則は変わるのか」〈前掲『校則改革』より〉）。

生徒の意見を採用するもしないも教師次第、また教師の意見を採用するもしないも校長次第ということが現にあります。もちろん教師や校長が一段高い視点から、「それは少数者の権利を侵すことに繋がる」と、慎重に判断することが必要な場面もあるでしょう。しかし、理由も曖昧なままに、ただの固定観念から要望を却下するケースが多いのも事実です。

1点目にも2点目にも共通することですが、教師や校長が一方的に教育的意義を語り、議論をシャットアウトしてしまえば、生徒の心に残るのは学校への不信感だけです。信頼なきところに、教育は成り立ちません。

新提要では「児童生徒や保護者等の学校関係者からの意見を聴取した上で定めていくことが望ましい」とも明記されましたが、意見を聴取しても、結局は学校側の価値観や旧習を生徒たちに押しつけ続けるのか。もしくは児童生徒を意見表明権を持つ権利主体として捉え、若者世代の意見を最大限尊重することができるのか。これからますます問われるのは、学校側の姿勢ではないでしょうか。

## 校則よりも大切なこと

ともあれ国の議論も終わり、これからは改めて各学校にボールが渡されました。今後は教師が目の前の生徒を見て、生徒の意見に耳を傾け、令和の校則はどうあるべきか、いや校則に限らず生徒対応全般がどうあるべきなのか。考え、議論し、日々答えを出していかなくてはなりません。

仮に学校全体をすぐに変えることができなくても、自分自身を変えることは今日からできます。そして一人ひとりの教師が変われば、傷つく可能性があった生徒を救うことも不可能ではないと思うのです。

コロナ禍の、ある卒業式のことです。

普段は「制服と私服の選択制」が認められていた勤務校で、卒業式だけは全員制服着用を義務づけようという話になりました。しかしその年、卒業生の担任だった私は、学年の中に「この子はトランスジェンダーではないか」と感じる生徒がいたのです。制服に違和感があったからでしょう、ずっとジャージなどの私服で登校していました。

「卒業式はみんな制服で来るように」というルールを設ければ、あの子は卒業式に来られないかもしれない。卒業式は、卒業生のためにあります。教師にとって卒業式は毎年やってくるものであっても、卒業生にとっては一生に一度の特別な日なのです。欠席なんかしたくないに違いありません。

「来賓の前で制服以外で来られては不格好」「ひとりの生徒のために学校全体の方針を変えるべきではない」と言われるかもしれません。

それでも私は手を挙げて、発言しました。「あの子にとってみたら、制服で来いというのは、卒業式に来るなという意味になりませんか？」。

学年の教師は皆「あの子」にピンと来たのでしょう、学年団の総意として「卒業式も制服に限らず、それぞれがＴＰＯを考え行動する」との運用を校長に願い出ることになりました。校長も理解を示し、二つ返事でそれを認めてくれました。そして卒業式は、「制服もしくは式典に相応しい格好で来ること」というルールに変わったのです。

学校には何十人もの教師がいます。それぞれの教師が「子どもの最善の利益」を追求する姿勢と、ほんの少しの勇気を持てば、学校はそうそうおかしな方向には向かわないはずです。新提要の言葉を借りるならば、一人ひとりの教師が「見た目の裏に潜む可能性を想像できる人権感覚を身に付け」られると……。総体としての学校はこれまでよりも絶対によくなると信じています。

私は常々思うのですが、細かな校則などよりも、もっと大切なことがあるはずです。要は、学校は何のためにあるのかということです。それは、「一人ひとりの生徒がよりよく人生を『生きる』」ためではないでしょうか。

生きる力を身につけるための場所で、瑣末《さまつ》な校則のために子どもたちが生きられなくなってしまったら、学校が存在する意味はないのです。

お互いの命や権利を尊重すること。よりシンプルに別言すれば、人に優しくあること。学校で学ぶべきは、まずはそれだと私は思います。

校則よりも大切なのは、人の心と命です。

生徒と生徒、また生徒と教師が、互いの生き方を認め合えるルール作りこそ、目指すべき令和の校則だと私は考えます(注)。ルールとは、互いが共存するためにこそあるからです。

そんなに難しいことではありません。

多様な者同士がお互いを認め合うための唯一の方策は、画一化した校則から舵を切り、「選択肢を増やす」方向に進むだけであると、私は思います。

みんな同じ髪型、みんな同じ服装、そこから少しでも外れたら「なぜあなたは周りと違うのだ」と叱責される。それが私たちの目指す理想の教育だったのだろうかと、一度立ち止まって考えたいです。

（注）学校教育の眼前の目標は、「多様な生き方を認め合う社会を作る」ということです。近年改訂された学習指導要領には、過去にはなかった次のような「前文」が付され、これからの学校教育が目指すべき方向を明示しています。それはまさに、「一人ひとりの意見や自由、権利が尊重される多様な社会を作る」ということです。

〈「小・中・高等学校学習指導要領」前文〉

これからの学校には……一人一人の児童（生徒）が、自分のよさや可能性を認識するとともに、あらゆる他者を価値のある存在として尊重し、多様な人々と協働しながら様々な社会的変化を乗り越え、豊かな人生を切り拓《ひら》き、持続可能な社会の創り手となることができるようにすることが求められる。

# 第三章

# これからの働き方を考える

「給特法のこれからを考える有志の会」会見（2022年７月26日、文部科学省）。右から、日本若者協議会の室橋祐貴さん、筆者、株式会社ワーク・ライフバランス社長の小室淑恵さん、作家の乙武洋匡さん、名古屋大学教授の内田良さん。Change.orgより提供

生徒と対話を重ねながら校則見直しに取り組んだり、一人ひとりに寄り添った対応を行うことは、多様な社会実現のために不可逆的な流れです。

しかし教師の立場からは、「そうは言っても時間的余裕が全くない」というのが本音ではないでしょうか。

時代に即した新たな教育課題に取り組むためにも、一にも二にも、学校の働き方改革を真に進めることが不可欠です。

第三章では改めて、より深く働き方の問題を考え、学校のあるべき未来を展望したいと思います。

本書を通じて私が訴えたい「シン・学校改革」への思いは、たったひとつです。

それは、児童生徒にせよ教師にせよ、教育現場で理不尽に傷つき、学校からドロップアウトを余儀なくされる悲劇を繰り返さないことです。

## 再びの働き方改革へ

２０２２年7月26日。私は、東京の文科省記者会見場にいました。

並んで会見席に座っていたのは、国を挙げての働き方改革を安倍晋三元総理に進言した株式会社ワーク・ライフバランス社長の小室淑恵さん、日本最大級のベストセラー『五体不満足』を著した作家の乙武洋匡さん、日本若者協議会代表理事の室橋祐貴さん、赤髪の名古屋大学教授、内田良さん。

一教諭の立場では、お会いすることも叶わないはずの豪華メンバーとともに、会見を開いたのです。

訴えたのは、教師の定額働かせ放題「給特法」の抜本改善。会見の主催団体は、２０１９年の臨時国会の際に立ち上げた、「給特法のこれからを考える有志の会」でした。

先立つこと3ヶ月前。

私は２０２２年4月から、新しく給特法に関するオンライン署名を立ち上げました。何度も何度も、くどいほど繰り返し訴え続けてきた内容です。しかし、この度の署名は以前と大きく異なる点がありました。それまでの活動がほぼ私ひとりで始めたのに対して、今回の署名は右の会見出席者5名に加えて、教師の過労死遺族の嶋田富士男さん、弁護士の嶋﨑《しまさき》量《ちから》さん、教員志望学生の宇恵野珠美さんを含めた8名で呼びかけたものだったのです。

それだけではありません。

今回の署名には、タレントの田村淳さんや、「ビリギャル本人」の小林さやかさん、株式会社メルカリ会長の小泉文明さん、ジャーナリストの堀潤さん等々、教育界に留まらない多種多様な著名人が「賛同人」として名を連ねてくれました。

署名はすぐに話題となり、開始後1週間で3万2千筆、1ヶ月間で4万筆。原稿執筆の2023年3月時点で、8万筆を超えました。これは、10年の歴史を持つ署名サイトChange.org日本語版が行う教育系署名の中で、最多だということです。


ひとりでは限界があることも、仲間とならもっと遠くまで行ける！


しかしなぜ、このような豪華メンバーと一緒に訴えることができたのでしょうか。

それは、それまで1年以上にわたって校則改善の訴えを行ってきたからです。

校則に関する活動の中で知り合った室橋祐貴さんから小室淑恵さんや大学生との繋がりができ、乙武洋匡さんとの繋がりができ、そんなふうに雪だるま式に広がっていった結果だったのです。「教師の残業が辛い」という発信に終始していたら、絶対に得ることのできなかった多様な人の輪でした。

会見では、乙武さんが次のように話しました。

> この法律（給特法）が、どれほど過酷な現状を示しているか。……例えば月額30万円の給料をもらっている教師がいるとします。その4％と言えば、1万2千円です。（記者に向かって）この中で月1万2千円をもらって100時間残業しますという方、どれくらい

いますか？　いないでしょう？　罰ゲームでしょう？　奴隷でしょう？
……今この給特法が存在していて、月１万２千円払えば働かせ放題なんだよねというシステムのままだと、わざわざ教師の仕事を切り分けて、外部のボランティアにお願いしよう、お金を払って事務職員を増やそうという必要がないんです。教師に押し付けてしまえば、解決してしまうんです。だから、教師がどんどん病んでいく。だから、若い人が教師を目指さなくなってしまっている。……この法律がこの国の未来の妨げになっているという現状です。

（給特法の改善を求める署名活動の中間報告会見、２０２２年7月26日）

「校則問題を訴えたら半数の教師を敵に回し、働き方改革を訴えても誰もついて来なくなるだろう」と覚悟を決めて動いてきた私でしたが、以前よりももっと多くの仲間を連れて、再び教師の残業問題を訴えることになったのです。

働き方を改めなくてはならないのは、教師のためだけではない。働き方を改め、校則など生徒側の問題も解決していきたい。そうした思いも、少しずつ伝わり始めたように思います。

このタイミングでもう一度、働き方改革の旗を掲げたのは、２０２３年以降に再び国を挙げての給特法の抜本議論が行われるからでした。それは、第一章の最後に参考人招致を受けた２０１９年の臨時国会で約束されたことです。

今後行われる議論が、向こう半世紀の教師の運命を決定づけるのではないかと思います。いや、教師の運命だけではありません。「公教育という名の船」には、子どもたちも運命共同体として乗船しているのです。沈めるわけにはいかないではありませんか。

## 給特法が労基法を骨抜きにした

ここで改めて給特法とは何だったかを、その問題点とともにおさらいしてみます。

給特法とは１９７１年制定、翌年施行した法律です。月給４％の教職調整額を支払うことで、「原則として残業を命じない」「残業代を支払わない（労基法第37条・時間外、休日、深夜の割増賃金規定を適用除外する）」と定めました。

これにより、学校管理職は残業を命令できないのだからと、現に発生している残業は「自発的勤務」とみなされるようになりました。しかし労基法にはないこの自発的勤務という摩訶不思議な概念が、労基法上の重要規定をことごとく無効化する働きをしてしまったのです。

例えば、いくら労働時間を一日８時間と定めても（労基法32条）、「８時間を超えて残っているのは労働ではない」。休憩時間（34条）や休日（35条）に働いても、「休憩中や法定休日に働いているのは自発的勤務」と言ってしまえば、全ての労働規制などなきものにできてしまうからです。

実際に、残業を行う際に必須であるはずの「三六《さぶろく》協定（36条）」という手続きは、給特法により時間外「労働」が存在しないということで、「適用の余地がない」とされました。在校等時間が8時間を超えてもそれは自発的勤務だからと、休憩時間は労基法が定める60分間ではなく45分間でよいことになっています。また、残業の上限時間である月45時間・年３６０時間を超えても、つまるところ本人が好きで働いたものであるからと、使用者側が責任を問われないことに繋がっているのです。

給特法が労基法第37条（割増賃金規定）を適用除外にしたことで、その他の労基法上の重要規定も、ことごとく骨抜きにされてしまったのです。

この「自発的勤務」の考え方は、半世紀前の給特法制定時の国会会議録にも記録されています。以下は給特法ができた１９７１年の国会で、教師への残業命令が可能な「超勤項目」について、政府委員の文部省初等中等教育局長が行った説明です。

> 「期待される教師像と言ってはちょっとぐあい悪うございますが、そんなものは命令を待つまでもなく当然教師がやるべきことなんだということで自発的におやりになられれば、命令はないということもあろうと思います。……多くの先生が当然それは自分らでやるべ

きだという場合には命令は発せられない、しかし……自分たちはもう勤務時間が過ぎたんだから帰るんだというようなことをおっしゃるときは、何々先生居残ってくださいという命令が出されるというふうに考えます」

（衆議院文教委員会、１９７１年４月23日）

残業とは本来、定時を過ぎてもせざるを得ない業務がある場合に、管理職からきちんと命令を受けて行うものです。しかし命令可能な超勤項目すら、「期待される教師像」としては残業を「自発的におやりになられ」るものであると言うのです。

そうした残業が許される……というよりも「期待」される。

まさに、教師たるもの「子どものために残業したければどうぞ好きに行ってください」という学校外と隔絶した価値観が、給特法成立の瞬間から見て取れるのです。

## なぜ忙しくなったのか

２０２２年、生まれて初めて中学生からの取材を受けました。学校で行われる授業「総合的な学習の時間」のグループ発表のテーマに「教師の働き方改革」を選び、特に給特法の問題に迫りたいと考えたそうで、私に声をかけてくれたのです。「担任の先生を助けたいんです」、中学生たちは口々にそう言いました。
驚いたことに、そうした取材は一件だけではなく、地域の全く異なる別の中学校や高校から同様の依頼がありました。教師の劣悪な労働環境について、とうとう中高生も動き出す時代となったのです。

中高生を含めて最近、繰り返し聞かれるのが、「教育現場はいつ、なぜ、どのようにして、こんなに忙しくなってしまったのか」ということです。

これは大変難しい質問です。

なぜなら、「月の残業時間が約8時間」と言われた１９６６年の教員勤務状況調査の後、２００６年まで実に40年もの間、教師の勤務時間は調査されることがなかったからです。

それは給特法によって、残業が「自発的」と扱われ残業代も不要となり、「勤務時間を把握せねば」という意識がすっかりなくなってしまったことが原因と言われています。使用者側から時間管理の意識も必要性も奪い取ってしまったことは、給特法の大きすぎる罪のひとつです。

２００６年に40年ぶりに調査を行った時には、すでに漠大な時間外勤務が発生しており、国もその前で立ち尽くすしかありませんでした。この40年間、いつ何が原因でどのように残業が増加していったのか、その推移を示す数値データが存在しないのです。

しかしこの間の「歴史」を振り返ることで、教員多忙化の原因は「推測」することはできます。第一章で紹介した、教師の働き方を描いたドキュメンタリー番組「聖職のゆくえ」には、次のようなことが描かれています。

> その後（給特法制定後）、教員を取り巻く環境は、大きく変わっていきます。１９７０年代から１９８０年代、校内暴力や非行が多発。非行防止の観点から、部活動を奨励。教員も付き添うことに。さらに、いじめや不登校。２０００年に入るとモンスターペアレントが社会問題化します。大阪の小学校では、無差別殺傷事件が発生。学校で起こる様々な問題に、先生は対応を迫られることになるのです。
>
> そうした対応に追われ、教員が学校にいる時間は、必然的に延びていきました。加えて、２００２年には、週５日制がスタート。週６日分の授業時数を５日でやらなければならず、教員の負担はさらに増すことになります。
>
> （福井テレビ「聖職のゆくえ」２０１９年）

この後の歴史的展開はと言えば、２０００年代にいわゆる「ゆとり教育」への批判が起き、国が定める学習指導要領は改訂の度に分量が増えていきました。学習指導要領とは、学校で行う教育活動を記した全国一律の基準であり、この内容が増えたということはすなわち教師のやるべきことが増えたということです。

名古屋大学教授の内田良さんは、その名も「学習指導要領が分厚くなっている」（時事通信社「内外教育」２０２２年10月４日）という論考に、指導要領の量的変化を詳述しています。

２００２年度実施の小学校学習指導要領は６万５６４９文字、２０１１年度実施分は７万７００１文字、最新の２０２０年度実施分では13万６９８４文字。これに比例して授業時間の目安である「標準授業時数」も増加しており、２００２年度だと５３６７時間（年間の総時間、６学年分の合計）、２０１１年度だと５６４５時間、２０２０年度だと５７８５時間でした。この傾向は中学校も同じで、国や社会から学校に求められるものが増えてきたことのひとつの証左であると感じます。

一方で、教師の仕事が増えたのは「国や社会からの要請」ばかりではありません。職員室もまた、「子どものため」にやった方がよいと思うことを断捨離しきれないメンタリティ（心的傾向）に流されがちです。

「聖職のゆくえ」では、教師の会議の様子が映し出されています。それは、中学３年生で行う２泊３日の修学旅行とは別に、中学２年生で１泊２日の「宿泊学習」を行うべきか否かについて、教師９名が話し合った場面です（学習指導要領上は必ずしも行わなくてよいものです）。

Ａ「絆を深める、ということで宿泊学習をやっていきたい」

B「絆のためだけにやる必要はないんじゃないですか？」

C「いつもと違う場所で、時間を守ったり周囲の人のことを考えたりとか（で教育的意義がある）」

D「授業時間が足りないと言っていて、それでもやる？」

B「いや、授業時間だけじゃなく、先生の負担もめっちゃ大変でしょう」

E「校外学習（遠足）は行くけど、中学3年生まで何もしないで、果たして修学旅行の時に動けるのですかね、子どもは」

B「でも小学6年生で修学旅行に行ってるんですよ？」

E「小学6年生から中学3年生までなしで、それで中3の修学旅行がやれるのかということで」

F「あれ？　修学旅行の練習ならば、泊まる練習だけじゃなくて、やっぱり班別の活動もやっておくべきじゃないですか？」

G「まあ意義があるということで、今まで残してきてますからね……」

（ナレーション）結局2時間議論して、今年は続けるということになりました。

テレビを見ていた人たちから、「結局続けるんかい！」と総ツッコミが入ったかもしれません。

このシーンに関しては補足すべき点が2点あり、ひとつは映像を見る限り会議が行われていたのは夜の時間帯、明らかに残業を生じさせながら話し合っていたということ。もうひとつは前のシーンで国から学校現場へ働き方改革が要請されており、業務の断捨離を迫られての会議だったということです。それでもなお、行事の縮小に踏み切れない教師たちの話し合いが描かれているのです。

仮にこの会議の参加者に残業代が支給されるとすれば、コストパフォーマンスの悪さを指摘され、このような働き方は認められないでしょう。つまりこれこそが、「残業命令および残業代は出しませんが、子どものために残業したければどうぞ好きに行ってください」という世界の働き方なのです。

お金や時間を気にすることなく、「子どもたちがどうすればより成長できるか」だけを考え続ける。それは「あるべき教師像」として語られてきた日本の学校文化であると思います。しかし、こうしたマインドセットでは業務は増えることすらあれ、減る可能性は極めて小さいのです。

後述しますが、実のところ教師一人ひとりの意識としては、「時間に関係なく働くべき」と思っている人は決して多くはありません。しかしこれまで国や社会から献身性を求められてきた歴史が、総体としての職員室を「時間に関係なく……」に導き、教師をしてそのように行動せしめる結果を招いているのです。

## 給特法見直しの方向

では、給特法をどのように改めればよいでしょう。最もわかりやすく、ドラスティックな（思い切った）手立ては、給特法を「廃止」することです。

つまり残業は自発的勤務ではなく管理職が命じた労働であると、学校外ではごく当たり前の扱いを取り戻し、「残業には残業代が発生する」「残業上限を超えたら管理職が処罰される」と業務削減の必要性を強く迫るのです。

私はいくつかの理由で、この給特法の廃止がベストだと考えています。

まず、公立教員も給特法なしの運用が不可能ではありません。私立教員は１９７１年の制定当時から、国立大附属教員は国立大学が法人化された２００４年から、給特法の適用を受けていません。つまり「教職は特殊」と言ったところで、ずっと昔から給特法なしで教職は成り立ってきたのです。そうした運用が可能であるならば、わざわざ労働基準法を一部除外してまで特措法（給特法）を適用すべきではないのです。

私立・国立学校の中には、公立学校のように「教職調整額を払う代わりに残業代は支払わない」という給特法「的」な運用を行っているところがあるようです。これは違法であり（私立・国立大附属学校は給特法の対象外です）、近年労基署から問題を指摘され、後から残業代支払いを余儀なくされるケースが頻発しています。

この例からわかることは、使用者側としては労基法よりも給特法の方が圧倒的に都合がよいということです。どれだけ残業させても「教師が好きで働いた」と言い張り、残業代は月給４％（教職調整額）ですませてしまえるわけですから。

また「廃止」の最大の利点と言えるのが、理不尽な残業を強いられた場合に裁判所に訴えれば、司法による改善が期待できることです。

実は給特法とは、現在同様に理不尽なサービス残業が横行していた１９６０年代、教師たちが全国各地で裁判を行った結果、使用者側が連戦連敗。残業代支払いに困った国が成立させた法律と言われているのです。そしてひとたび給特法が成立すると、１９７１年以降は、教師が残業代支払いを求める裁判を行っても教師側の連戦連敗。給特法は、学校のサービス残業を合法化する働きを担ったのです。

給特法を廃止した暁には、再び「裁判にかけられたら負けるぞ」というプレッシャーが使用者側にのしかかることになります。それが、全ての学校で管理職の態度を改めさせることに繋がるのです。

## 廃止以外の選択肢

私は、給特法見直しのベストは「廃止」だと考えています。しかし今後数年間でそこまで劇的な解決に至れない場合、せめて次のような抜本的改正を行うべきという案があります。

私が考える「シン・給特法」は、次のようなものです。

教師の仕事のうち、自発性や創造性を尊重して管理職が命令を行わない、「特殊性」の存する業務を「限定」します。これは労働とみなされない「自発的勤務（教師が好きで行った扱い）」とされてしまう時間であり、労基法の特例中の特例として、極力狭い範囲に限定する必要があります。そもそもこれを限定せずに、事務仕事を含めて何から何まで「自発的勤務」とされてしまったことがブラック残業の始まりだったのです。

私は、これに該当する可能性があるのは、授業準備だけだと考えています。ホームルーム経営、行事の準備、進路指導、掃除、保護者対応、いじめ対応、そのほか校務分掌と呼ばれる雑多な事務仕事など授業準備以外のありとあらゆる業務は、「好きで行っている」というよりかは、「管理職から割り振られた担当として命令に基づいて行っている」というのが現場実感ではないでしょうか。

またこういった仕事は、本来勤務時間内にすべきものです。仮に時間外に及ぶ場合は、超過時間に応じた対価をもらうべきですし、「時間管理になじまない」というものではありません。仮に授業準備を「教職の特殊性」とみなす場合、「授業準備に力を入れたければ、残業命令は出しませんが、好きに残業してください」ということになります。これに対しては、４％かどうかはさておき、引き続き一律の「教職調整額」を払い続けることになるでしょう。

そして、授業準備以外の全ての残業に残業代を支給する。これにより、授業準備以外の全ての業務量に抑制をかける。これが、私の考える「シン・給特法」です。

## 給特法は改善しない？

しかし「廃止」にしても「抜本的改正（シン・給特法）」にしても、そういった本質的な解決にはそう簡単に至れないとも感じています。理由は、給特法を現状のまま維持し続ける方が国や自治体にとって好都合だからです。給特法は教師にとって「定額（低額）で残業させられる」「裁判に訴えても公正な裁きを期待できない」というリスクある法律ですが、反面、使用者側にとってはこれらは全てベネフィット（利益）となっているのです。

実際に、メディアやＳＮＳの力で教師の苦悩がここまで明るみに出てもなお、国は「残業は教師が好きで行ったもの」との立場を崩そうとしません。

しかし、そんなことは私が給特法の問題を公に訴え始めた２０１７年11月から感じていたことなのです。

国にとって絶対的に都合がよい給特法の改善を「国に求める」という、最初から無理筋な訴えではあるのです。それでも諦めずここまで訴え続けてきたのは、「生徒のため」であり、誤解を恐れずに言えば「国のため」です。

私がこの問題について強く考えさせられたのは、全日制高校に赴任した翌年の２０１６年。受け持つ生徒から、「本当は教師になりたいけどやめておこうと思います」と言われたことがきっかけでした。生徒がそう言った理由は、教師のブラックな働き方でした。今のように教師の多忙がメディアで取り上げられる何年も前から、「先生の仕事は過酷」ということが学校内で知れ渡っていたのです。

時を同じくして、教員養成系大学に進学した卒業生からも「このまま教職に就くべきか迷っています」という相談を受けました。その時、私は「君が教師になるのであれば、それまでに少しでもまともな職場にするから」と果たせるとも知れない約束をしました。私は、教師になりたいけれども不安だという「生徒のため」に、困難を承知で訴えるべきことを訴えようと決めたのです。

7〜8年前の高校生たちが教職の道を断念したことが最近の倍率に跳ね返っているとすれば、教員採用倍率が落ち続ける一方なのは、とても合点がいく話です。そして、今や小中学生だって「先生の仕事はブラック」と認識しています。ということは、控えめに言って10年先まで、教職は志を持って就くはずだった若い働き手を喪失したことになるのです。

これは、まさしくこの国の危機です。

この国の未来を考えた時に、本当に必要な決断とは何なのか。それは、「これでブラック職場が改善される」と若者が期待を抱けるような抜本的な給特法改廃のメッセージを発することです。

私が訴えてきたのは、私個人の業務をいかに減らすかとか、私個人の残業代をいかに勝ち取るかという次元の話ではないのです。教育現場の疲弊を日々実感している地方公務員として、ただ日本を担う責任感から進言してきたことなのです。

## そのほかの勤務改善

給特法が変わるか変わらないかにかかわらず、これまで勤務時間内に授業の準備時間が全く確保されてこなかった、これはこれで早急に対処すべき課題です。

準備にかける時間が与えられないということは、準備ゼロのお茶を濁すような授業だとしても構わない、それが国や自治体の意向だと受け取られても仕方がありません。実際に、準備不足のまま授業を行っている教師が全体の６割以上に上るというエビデンスは、第一章で示した通りです。教師が私生活の時間を割いて授業準備を行う気持ちをなくせば、学校現場で最初に削られていく業務が授業準備なのです。

国会では、「１時間当たりの指導時数に対しまして、その準備等……がそれと同程度」必要という認識が示されたことがあります（衆議院文部科学委員会、２０１６年11月２日）。50分授業であれば50分の準備時間、45分授業であれば45分の準備時間が必要、という考え方です。もちろん、このような準備時間が勤務時間内に確保されている公立学校は皆無と言ってよいでしょう。

ところで、私は生徒の短期留学の引率で、オーストラリアの学校で１週間を過ごしたことがあります。そこで触れ合った現地の教師たちは、授業以外の時間は教育活動の準備に充てていました。また15時に授業から解放されれば、後は完全に自分の裁量で使える時間となっていました。16時には帰る教師が多数いて、自宅で授業準備をしたり専門書を読んだり、ふらっと街に出かけたりする自由がありました。そういった時間と心の余裕は、クリエイティブな授業を作るのに役立つと感じたものです。

給特法というのは本来、こういった働き方をイメージしたものだったのではないかと思います。「帰ろうと思えば16時に帰れる」「勤務時間の内外を問わずに自由に過ごせる時間や裁量が保障されている」。日本も給特法が成立した当時は、そのような牧歌的な職場だったと聞きます。仮に、裁量ある十分な時間が与えられ、残業するもしないも自由に選択可能という状態に戻れるなら、「残業命令は出しませんが、子どものために残業したければどうぞ好きに行ってください」という給特法も正しく機能するのかもしれません。

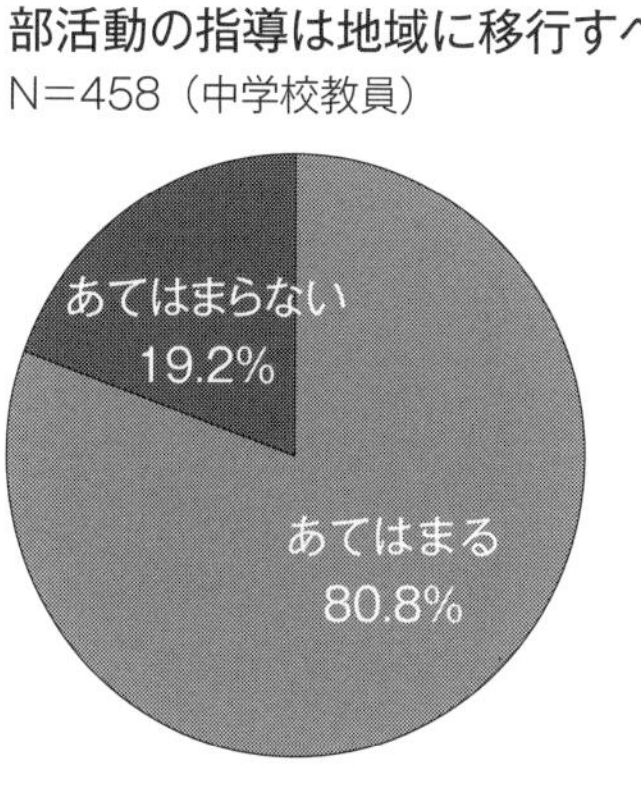


**図3-1**　中学校教師の多くが「部活動の負担はなくしてほしい」と考えていることがわかります。（学校の業務に関する調査より）

また第一章で紹介した、現職教員による提言グループ「現職審議会」が２０１７年11月に行った会見では、学校勤務を正常化するために、給特法改正を含めて次のことを求めました。①部活動の活動時間の縮小と地域移行の徹底、②授業等の準備時間２時間と休憩時間１時間を日々の時間割の中に位置づけること、③生徒の在校時間を教師の勤務時間内に収めること、④公立学校にも労基署のような強い監督権を持った第三者的専門機関を立ち入らせること（前掲『教師のブラック残業』）。

加えて、教員や事務職員、そのほか専門スタッフの増員も検討すべきでしょう。これらは予算のかかることだったり、これまで学校が担ってきたオプショナルな活動が失われていったりすることを意味します。部活動から教師が手を引く代わりに地域人材が担う「地域部活動」が成り立てばよいのですが（P１９１図３―１）、そう上手くいかない場合は、「部活動」という文化そのものが消滅してしまうかもしれません。それを学校だけの責任にせず、地域の一人ひとりが「自分事」としてよりよい解決方法を考え、行動していくことができるか……。

学校の課題は、社会全体の課題なのです。

## 教師の意識改革〜令和の教師像

これまで教師の働き方は「特殊」である、お金や時間に関係なく子どもと関わり続けることが期待されていると、教師自身が思い込むこともありました。それを自ら「美徳」と捉える向きもあったと思います。何を隠そう、私自身も働き始めて数年間は、「授業のために寝ないで準備をしました」ということを誇りに思っていた時期があります。

しかし、そんな働き方は子どもの目に一体どう映るでしょうか。

前述の通り、小中高校生は教師の働き方が「ブラック」と呼ばれていることを知っています。それでもなお、文句も言わずに働き続ける大人。これは子どもに一体何を教えることになるでしょうか。

多くの子どもにとって、親に次いで長時間接することになる大人が教師です。その働き方がそんなふうであると、子どもの労働観に悪影響を与えてしまうことは必至です。すなわち自己犠牲の働き方こそ美徳であると、時間やコストを度外視した働き方のモデルを子どもたちに教え込んでいるのです。

それでよいはずがないと考えたときに、私には思い出されるエピソードがあります。

２０１９年の臨時国会で実名で意見を述べた直後のことです。ある時、定時を過ぎて退勤し、駐車場に向かって歩く私に、ひとりの生徒が自転車置き場から大声を上げました。「先生、早くしないと！　定時を過ぎてしまったよー！」。

私が苦笑しながら振り返ったからでしょう、隣にいた彼の友だちが、「何言ってんの、どんな仕事でも定時で帰るのは当たり前。本当はいつまでも残り続けている職員室の方がおかしいんだよ」と言い、その場で「令和の働き方」について議論が始まったのです。ブラック残業はおかしいと訴え続ける私の後ろ姿から、彼らなりにさまざまなことを考えてくれていたのです。

別の生徒からこんなふうに言われたこともありました。「先生の言っていることは絶対に間違っていないと思う」。あまりに神妙な面持ちだったので何事かと、放課後じっくり話を聞いてみました。

「僕が中学生の頃、若い先生が担任としてやってきて、4月はとても熱心にクラスに関わってくれたんです。相談にすぐに乗ってくれたり、力を入れた面白い授業をしてくれました。それがたった1年でみるみる疲れていって、授業に熱がなくなり、相談しても忙しいからと時間を作ってもらえなくなってしまって。それでも僕はその先生が大好きだったから、先生が変わっていく様子が辛くてたまらなかったんです」。堰《せ》き止めていた思いを解き放つように、涙ながらに話してくれました。

その時にもし私が、「いや、教師は法的にも原理的にも特殊な働き手であるから、ほかの職業とは違うんだ」と返していたら、一体どう思われたでしょうか。

教師が子どもたちに伝えるべきは、教師もひとりの労働者であり、自分を大切にできるからこそほかの人も大切にできる。生徒もそんな大人になり、自分も家族も仕事も社会も全部大事にしてほしいと、そんな時代を作るべきだということです。

私はずっと、「令和の教師像」について考えてきました。

「24時間闘えますか（働けますか）」というフレーズが流行った昭和時代はとっくに過ぎ去り、令和時代はワークライフバランス（仕事と生活の両方を大切にする生き方）が重視される時代です。そんな中、相も変わらず自身の健康や家族との時間を犠牲にしながら働く姿ではなく、教師こそが新しい時代の働き方を実践する「模範的な労働者」になるべきだと思うのです。

そうした観点で考えた時、やはり教師は特殊な「聖職」であるべきではなく、いわば「人間宣言」を行い、労働者としての自分を自覚し、労基法を体現する「先生」となるべきではないかと思います。

生徒に将来なってほしい大人に、教師こそがなるのです。

## 教師たちの本音

そんなふうに私が述べるまでもなく、教師たちも今の働き方に疑問を抱いていることがエビデンスとして示されています。

図3−2は学校の業務に関する調査から読み取れる教師一人ひとりの意識ですが、教師たるもの「子どものために、時間に関係なく働くべき」と答えた割合は16・0％と、実は少数派なのです（③）。また、「学校は業務の総量を減らすべきだ」の質問には、96・9％が「そう思う」と答えています（①）。

これだけを見たら、学校の仕事は徐々に減っていくようにも思えます。

しかし一方で、「学校では、ある業務が削減されても、すぐに別の業務が増える」に95・8％が「そう思う」と答えています（②）。学校という場所は、減らしても減らしても、どこからともなく仕事が舞い込んできてしまう場所だと教師たちは認識しているのです。

また、「子どものために時間に関係なく働くことを、保護者から期待されている」には50・3％が「そう思う」と答えています（④）。一人ひとりの教師は「時間に関係なく働くべきではない」と考えていたとしても、保護者や外部からの期待を感じ取り、業務の棚卸しに踏み切

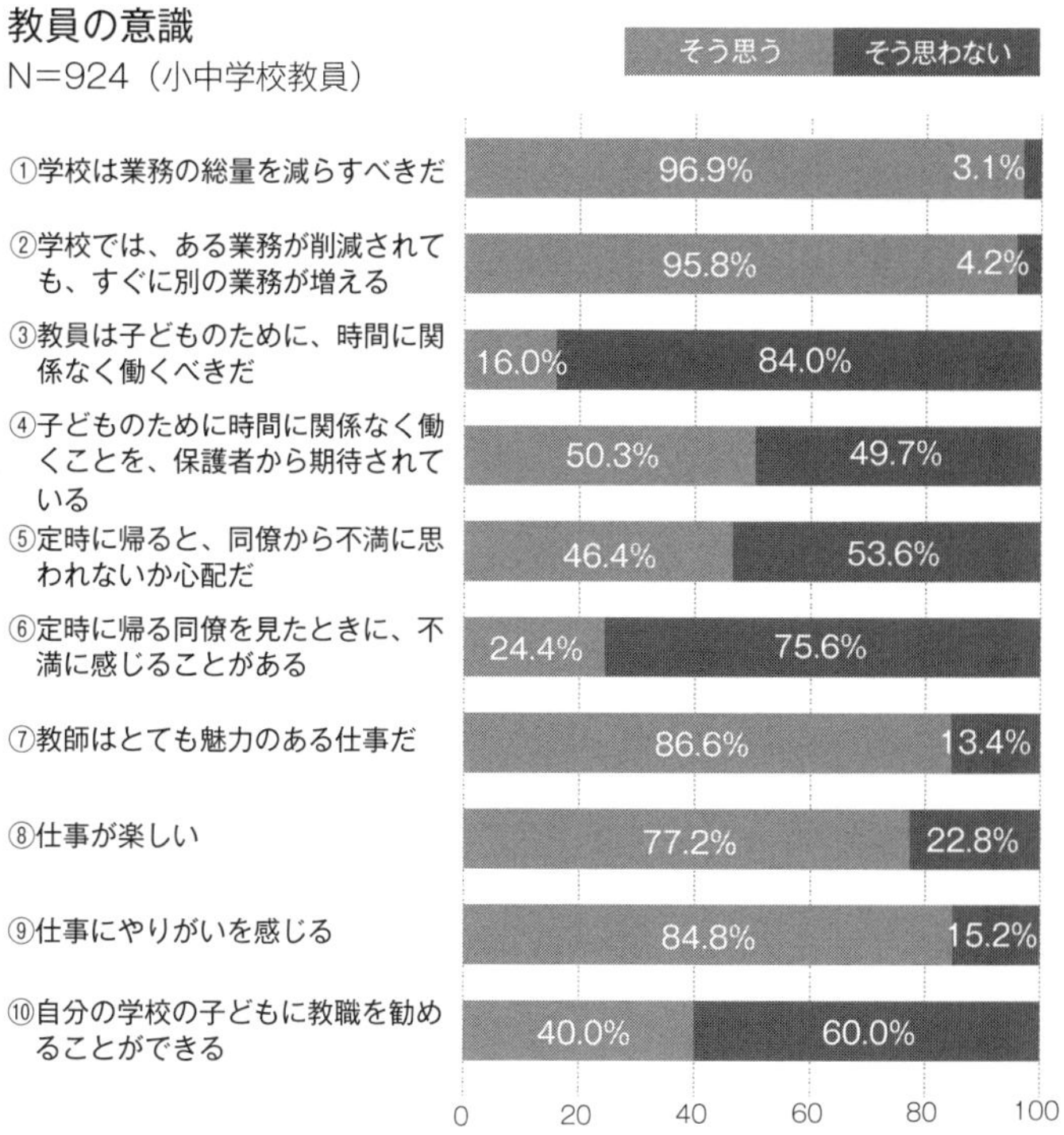


**図3-2**　それぞれの回答を比較したときに教師の本音が見えてくる。小学校教員、中学校教員に分けて分析しても傾向は同じである。（学校の業務に関する調査より）

れなかったり、余裕ができても「子どものために」と仕事を増やしてしまいがちなのです。なお誤解のないよう断っておきますが、これは実際に保護者が教師に過度な期待をかけているということではなく、教師の側がそのように感じ取ってしまっているということです。

同僚間においても、教師が必要以上にプレッシャーを感じ合っている様が⑤⑥の質問に見て取れます。「定時に帰ると、同僚から不満に思われないか心配だ」と感じている教師が46・4%（⑤）。それに対して、「定時に帰る同僚を見たときに、不満に感じることがある」割合は24・4%（⑥）。定時で帰れる日があっても何となく気まずいと、教師同士で過度に忖度する実態があるのです。

また⑦〜⑩の質問を並べて見てみると、今の時代の教師の葛藤がよくわかります。「教師はとても魅力のある仕事だ」86・6%（⑦）、「仕事が楽しい」77・2%（⑧）、「仕事にやりがいを感じる」84・8%（⑨）と教職そのものへの評価がとても高い一方で、「自分の学校の子どもに教職を勧めることができる」には60・0%が「そう思わない」と答えています（⑩）。

教職には「魅力」を覆して余りある過酷な勤務環境があり、「素晴らしい職業だけれども教師のバトンは次世代に渡せない」と葛藤を抱えているのです。

## 自らも反省する

学校の働き方改革を進めるためには、使用者側も教師側も意識や行動を変えていくことが必須です。私はそのためにこそ給特法の抜本改善を行い、「やりたい気持ちがあっても優先度の低い業務は精選を迫られる」環境を作ることが先決と考えています。法律が変われば意識も必ず変わるからです。

しかし、仮に給特法に関する議論が上手く前に進まなくても、時代の変化を捉えつつ、教師は自分で自分を変えていくしかありません。「やりたくても、やることは難しいです」「やりたくても、やるべきではありません」、そう感じた時はそう発言していくということです。

「実は互いに仕事を減らすべきだと思っている」「実は互いに定時に帰ることを何とも思っていない」というエビデンスは、きっと一人ひとりの教師を勇気づけるものでしょう。

それぞれが、自身の意識や行動を省みないといけない。そう考えた時に、私は活動の中で出会ったある場面を思い出します。それは第一章で記した、初めての署名提出の際。教育界の大御所である歴代日本教育学会長が会見に同席してくれた時のことです。

不意に、記者から次の質問が飛びました。「給特法と教師の方々の献身性によって長時間労働が助長されたという見方があるわけですけど、教育学者のこれまでの提言などがそれに加担してしまったということはないでしょうか？」。

私は、教育学者を責めるような質問に真っ青になってしまいました。居並ぶ教育学者は急に矛先を自分たちに向けられて、一様に苦笑いを浮かべました。

しかし、当時の日本教育学会長だった広田照幸さん（日本大学教授）は、俯き加減で数回頷いたあと、すぐさま次のように答えたのです。

「おっしゃる通りで、教育学者が教員たちにこういった教育が素晴らしいんだから頑張れと追い詰めた部分に対して、個人的には責任を感じています。……２０００年代に入ってからは教員の働き方、勤務の仕方がこんなにも厳しい状況になっていると（わかってきて）、子どもへの愛だとか教育が好きだとかそういうことで支えられてきた現場に、このままではいけないんだという……教育学者として発言をしていくことが大事な時代になっていると思っています」

（ＹｏｕＴｕｂｅ内田良の学校カエルちゃんねる「給特法会見⑤質疑２教育学者は何をしてきたのか？」）。

「責任を感じている」と即座に反省の弁を述べた広田さんに、私は深く敬意を覚えたものです。

同じ日、会見に先駆けて懇談を行った文科官僚も、教育学者や私からの話に熱心に耳を傾けていた姿が印象的でした。とりわけ若い官僚の方々はまっすぐな目を向け、こちらの思いを受け止めてくれているように感じました。「官僚も反省していた」と勝手に述べるわけにはいきませんが、少なくとも私にはそのように感じられたのです。

改めて考えると、誰もこの国の教育をわざと破壊しようなどと思っているはずがありません。これまでの教師像・学校像への郷愁を抱きつつも、今後の持続可能性を考えたときに、誰もがこのままではいけないと「葛藤」している。それが現実だと思うのです。

現状に至ったことを誰かのせいにしたり互いに攻撃したりする前に、教師も校長も教育学者も行政担当者も政治家も、それぞれが反省をする。気がついた人から自らの襟を正していけばよいのです。そこから少しずつ未来に向かって議論を積み重ねるしかないのです。

## 闘い続けること

今は、紛れもなく教育の転換期です。

価値観の多様化が進み、生徒指導や校則を巡る議論の土台も大きく変わり始めました。教師の働き方も、明治の近代教育成立期、戦後の教育改革期、１９７０年代の給特法制定期に次いで、大きな変革の只中にあることは疑いようがありません。これまでのような働き方では、もはや立ち行かないというところまで来ているのです。

そんな「これまで通り」が通じない時代の中、私は教師として教育現場に立ち、日々生徒と触れ合っていることを誇りにすら思っています。

自らは何もせずに、ただ国の議論に身を委ねるのか。

後から不平不満ばかりを呟くのか。

そんな大人の姿を子どもに見せるのか。

そうではなく、私は私ひとり分の力でいいから、国の議論に一石を投じたいと思ってやってきました。顔と実名を出して国会に立った時に覚悟したことは、今後どれだけ叩かれようが、一教師である自分の考えと良心を、この社会に投げかけ続けたいということです。

そんなふうに動き出すと、ときに非難の石礫《いしつぶて》が匿名の茂みから飛んで来ることがあります。しかし私は生徒も見ているインターネット上の公共空間で、攻撃に晒《さら》されることすらあれ、自らが誰かを非難し返すような姿は絶対に見せたくないと思います。

それよりも生徒に知ってほしいのは、社会という人間集団の在り様を変え得るのは、ほかでもない一人ひとりの発言によってであり、社会は自身の参画でいかようにでも変えていけるということ。それも、「大人になって将来あなたたちが社会を変えるのですよ」という期待の丸投げではなく、「私も日々この社会を変えようと努力しているよ」という後ろ姿で伝えたいのです。

願わくは、法律に依らず「中高生らしくしなさい」と、数十年前に誰かが決めた校則の墨守《ぼくしゅ》を強いられる学校現場が変わるように。願わくは、法律に依らず「教師らしくしなさい」と、無限の残業を押しつけ合う学校現場が変わるように。

この社会は憲法や法律に則り、もっと自由に、互いの「自分らしく」生きる人生を認め合えばよいのです。

もしかしたら、私は「みんな同じ」が求められる同調圧力の強い学校文化の中で、ただ「自分らしく」ありたいと思い、偽らざる本心を学校内外に向けて発信してきただけなのかもしれません。「おかしい」ことは「おかしい」と言い続ける。それは自分自身との闘いでもあるのでしょう。

歴史を振り返ると、松下村塾の塾生たちは吉田松陰の「たったひとりの倒幕運動」から10年の歳月をかけて、日本史上最大の変革と言ってよい、倒幕・明治維新を成し遂げました。その間にどれだけの若者が立ち上がり、潰《つい》えていったことでしょう。自分の時代に国が動くか否かはわからない。それでも、「おかしい」ことは「おかしい」と言い続ける。そうやって何人もが社会を変えようと立ち上がり、代わる代わるバトンを繋いでいった、誰かひとりが欠けても最後にゴールを切る栄光はなかったのだと、それだけを信じて前を見たいと思います。

時代が変わる時は一気《いっき》呵成《かせい》です。

江戸幕府が終わりを告げたのも、ある日突然、最後の将軍・徳川慶喜が「大政を奉還する」と決断したからでした。

校則も多種多様な立場から訴え続けた結果、ある日突然、文科官僚か政治家か、権限ある立場の誰かが「変える」と決断して変わったのです。

給特法もそうです。変わるか変わらないかは、トップの決断ひとつ。だから、いつか誰かが決断し実行するそのときまで、絶えず皆で訴え続ければよいのです。諦めずに続ける限り、勝負は毎回ただ持ち越しとなるだけで、私たちが何かに敗れることは決してありません。

訴え「続ける」ことだけが、勝負なのです。

## 補説・給特法を国民的議論に

脱稿直前の２０２３年3月16日、私は本章冒頭で紹介した給特法の抜本改善を求める署名８万３４５筆を、「有志の会」のメンバーとともに文科省に提出しました。文科省は再度、中教審でこの問題を議論するということです。

しかしこの問題は省庁レベルでどうにかなるものではなく、最終的な決着は２０２４年もしくは25年の国会での法改正に依ることになろうかと思います。

私は政治家にも現場の思いを伝えなくてはと思い、署名を持って各政党を訪ね歩いてきました。

２０２２年10月27日に自民党、11月10日に国民民主党、15日に立憲民主党、17日に日本共産党、29日に公明党、翌23年2月24日に日本維新の会に署名を提出。その場で各党代表者らと懇談を行いました（『先生がいなくなる』ＰＨＰ新書）。

また22年11月16日に自民党が給特法見直しの「特命委員会」を立ち上げると、9日後には小室淑恵さんらとともに委員長である萩生田光一政調会長を訪ね、署名を渡して懇談を行いました。ほどなくして自民党が廃止も一案に検討中との報道がなされますが（朝日新聞、２０２３年２月20日）、私たちの訴えを一定程度汲んで議論を重ねていただいていると感じます。

22年12月12日には院内集会を開催、自民党で元文科大臣の柴山昌彦衆議院議員や、国民民主党代表の玉木雄一郎衆議院議員らに登壇してもらい、給特法抜本改善の必要性を訴えました。

23年3月16日には立憲民主党からのヒアリングを受けました。立憲民主党は給特法の「廃止」に向けた法案を検討中とのことですが（ＮＨＫ、２０２３年3月25日）、私たちの意見も少なからず踏まえていただいたものと思います。

各政党の結論がどうなるかはわかりませんが、「誰もこの問題を訴えなかった時」と比べれば……動けば動いた分だけ、伝えれば伝えた分だけ、ほんの少しずつでも物事は前進していくと信じています。たとえすぐに思い通りの結果が出なくても、焦らずに続けていくことが大切です。いつも「善きことはカタツムリの速度で進む」（インド独立の父、マハトマ・ガンディー）のです。

私が常々思っていることは、この問題を「国民的議論にしたい」ということです。そのためには教育界に限らずさまざまな人と手を取り合い、また政治への働きかけにおいても特定の立場に固執することなく、「超党派」で訴え続けることを意識しなくてはなりません。

給特法が１９７１年の制定当時と比べて時代遅れであることは、もはや誰の目にも明らかです。これを見直さなくてはならないという、その共通理解を得るところまでは来ました。では、果たしてどのようにこれを見直すべきなのか。

真の解決のためには、少なくとも当事者である教師や教員志望学生、また子どもたちの声を聞いてもらいたいと思います。

そして一教師に過ぎない私にできることは、相も変わらず、学校現場の思いを国や社会に伝え続けることだけです。

終章

# 教師になるまでのこと

教師になってからの「学校改革」の話は、前章で終わりました。

最後の章は、私が教師になるまでのことについて記させてください。

私がなぜ、リスクを冒してまで働き方改革や校則改革という「学校改革」を訴えるようになったのか。その答えは、教師になるまでの経験にあるように感じているからです。

今、教師になりたかったけれどもやめておこうと思っている若者がいるとしたら、「それでよいのではないでしょうか」と伝えたいです。私も二十代に一度、教職の道を断念した人間だからです。一度断念しても、いつかまた教師になりたいと思う時が来るかもしれません。それでよいのではないでしょうか。

幸いなことに、教職とはほかにどんな経験をしてきても、それが全て教壇に立った時に役に立つような仕事です。そんなことも、この章を読んでいただけたら実感してもらえると思います。

本章の内容は、私が毎年受け持つ授業の最初に、1時間かけて生徒に伝える話でもあります。教師以前に人として、私がどういう人間なのか。

本書をここまで読んでくださった皆さんにも、お伝えさせてください。

## 震度7が人生を変えた

私の生き方を決定づけたひとつ目の話は、生まれ育った街を突如襲った阪神・淡路大震災でした。

阪神・淡路大震災とは、兵庫県淡路島北部を震源地とする日本史上初めて「震度７」を記録した、大都市直下型地震です。

当日のことを、よく覚えています。というよりも、忘れたくても一生忘れることができません。当時、私は兵庫県西宮市に住む中学３年生でした。

この時、私も震度７を経験しました。

１９９５年１月17日５時46分。

ガタガタガタガタガタガタ！　家中の全ガラスが一斉に音を立てました。バキバキバキ！　家が破壊される轟音と、体を上下左右に揺さぶる暴力的な力で、瞬時に目を覚ましました。

巨人が家を揺さぶっている？？

わけがわからず、ただ恐ろしくなり、私は咄嗟《とっさ》に布団を頭まで被りました。その瞬間、「ガシャーン！」と激しくガラスを叩き割る音が。そして私の体はグーーッと、何物かに強く押し潰されたのです。

布団で寝ていた私の横に、本が数百冊入るガラス張りの本棚がありました。その本棚が私の上に倒れてきて、無数の本がガラスを突き破り、ガラス片とともに顔の上に降り注いだのです。顔がぐちゃぐちゃに……なってもおかしくありませんでした。

しかし、咄嗟に被った冬の分厚い布団がガラスを全て吸収してくれて、私の体は奇跡的に無事だったのです。

背丈ほどの本棚に押し潰されたまま、私は大地が暴れるのをただただ「早く終わってくれ」と祈るばかりでした。揺れは何分間にも感じられました。実際は15秒だったそうです。揺れが収まり、放心状態のままようやく、「地震だ……」と呟きました。

住んでいたマンション5階のベランダに飛び出ました。夜明け前の真っ赤な空。黒煙が何本も立ち昇り、サイレンの音、誰かの泣き叫ぶ声が聞こえます。15歳の私は何の前触れもなく「世界の終わり」と思える事態に直面したのです。

その日、私の人生観は変わりました。日本人の平均寿命が80歳を超えたからといって、私の人生が80まで続く保証はどこにもありません。地震があと数時間遅ければ……あの日、生きるも死ぬも、どちらに転んでもおかしくはなかったのです。

震災からの半年間、余震が何千回と続きました。テレビではまことしやかに、「半年内に同クラスの地震が阪神間を襲う」、そんな憶測も繰り返し聞かれました。そんな中、間もなく学校が再開されましたが、通学路は文字通り「瓦礫の山」。次の瞬間に家々の残骸に押し潰されて私の命が消えてしまおうが、それは至極当然の、とてつもなくリアルな日常だったのです。私の通っていた中学校は遺体安置所になりました。生と死が隣り合うそんな空間で、私は思春期を過ごしました。

言葉にすると月並みになってしまいますが、「今この瞬間もまだ命が続いている、それは奇跡的なことだ」と思います。次の瞬間に今いる場所も大地震が起きて、今日で私の命は終わってしまうかもしれないのです。

中学3年生の私が強烈に刻み込んだ原体験は、「せっかく」まだ生きているとすれば、一瞬一瞬を無駄に過ごすことなく、常に何かに向かって歩み続けたいということでした。

## 役者の道に足を突っ込む

次の転機は、大学時代に演劇を始めたことでした。

元々演劇が好きだったとか、芝居づくりを生業《なりわい》にしたいと思ったのではありません。それよりも、私は歴史の先生になりたいと思っていました。高校時代に出会った歴史の授業で、歴史的事件があたかも目の前で繰り広げられているかのように、ひとり芝居で再現してくれる先生がいたのです。「自分もあんな授業がしたい」と憧れを抱きました。

魅力的な授業を行うためには知識も必要ですが、それを伝えるための表現力が重要なのではないか。そう思い、大学に入ってから劇団の門を叩きました。

大学公認の団体ではなかったため、稽古場を借りることができず、練習はもっぱら学生会館の廊下や夜のキャンパスの灯りの下。凍える体に何枚も重ね着をして、透明なお客さんを前に、明けても暮れても仲間たちとただ同じセリフを繰り返しました。

本番の幕が開け、意気揚々と舞台に飛び出しても、お客さんは数えるほどしかいませんでした。しかし舞台は眩《まばゆ》い光に照らされ、薄暗い客席の様子は目に入ることもなく、私は「愛する人を命懸けで守る牧師」を夢中で演じました。演技は硬すぎて、見る方が疲れてしまうようなものだったと思います。

全ての公演が終わると、３ヶ月かけて作り上げた全てを、ものの３時間で解体処分してしまいます。バラシと呼ばれるその作業を、私は不思議なものを見るかのように、２階席から呆然と眺めていました（サボっていたのです）。あんなに一生懸命作り上げたのに、気がついた時には手元に何も残らない。そしてもう二度と同じメンバーであのセリフを掛け合うことはないのだと気づいた時、取り返せない、かけがえのない時間を送っていたのだと気がつきました。

「演劇は風に書いた文字」という言葉があります。舞台上の演技は、発した瞬間にその全ては目の前から通り過ぎ、跡形もなく消えてなくなります。まるで、打ち上げては消える夜空の花火のようなものです。しかし「一瞬」で消えるからこそ、その風景は忘れがたく感じられ、記憶の中に「永遠」に残ることがあるのです。

舞台上のありとあらゆるものは跡形もなくなり、それでも私の中には「牧師とはどういう人間だろうか」「人を愛するとはどういうことだろうか」と考え続けた記憶が残ります。その人の立場に立って考え続ければ、その人の嬉しさや悲しさがわかり、その分だけ自分自身が「人に優しく」なれるような気がするのです。

舞台を創っては壊して、創っては壊して、その中で少しでも人に優しい自分になる。そんなふうに繰り返す人生も悪くないなあと、初舞台の後ふと思ったりしました。

## 下北沢で売れない役者未満に

それでも、演劇をかじったことが人生の針路を変えた全てではありません。正直なところ、私は大学時代に教師を目指しながら、自分が「先生」と呼ばれる立場に立つ自信をついぞ持つことができなかったのです。

当時、神戸連続児童殺傷事件など凄惨な事件が相次ぎ、「命の尊さ」が社会で話題になりました。しかし「先生、人はなぜ生きるのですか？」……そんな遠大な質問を生徒からされたら、私はどう答えたらよいでしょう。

大学を卒業したての未熟な自分が、子どもたちに「人生はな……」と大上段に語る行為が、大それた冗談にしか思えませんでした。未だ生徒に語れる自分の言葉なんて何にもない。大学4年の教育実習を経ても変わらないばかりか、一層その思いを強くしました。

有り体に言えば、「先生と呼ばれる立場に立つ自信がなかった」ということになります。

「大学を卒業したら教師にならずに役者の道を進もうと思う」。ある晩、父親に話すと、「大学卒業まで面倒を見てやったのに！」と口論になりました。私が頑として意志を曲げなかったために、とうとう父親から勘当されてしまいました。「そんなもの、なれるわけがないだろう！」と一喝されましたが、私にとっては教師を目指すよりも役者を目指す方が気が楽だったのです。

大学卒業後に上京し、23歳の時、演劇の街と呼ばれる東京の下北沢に引っ越しました。

小さな空間に劇場がひしめく通りを歩くと、演劇人だけでなく、ストリートミュージシャンやアート作品を路上で披露する人、何人もに出会いました。夢と希望と挫折が渾然一体とした、どこか儚《はかな》い街でした。

私が住むことにした家は、木造築50年のアパートで、家賃月3万円。下北沢にしては破格の物件でした。それもそのはず、環状7号線という6車線の大動脈沿いで、昼も夜もトラックが目の前を通り続けるのです。トイレはありましたが、風呂はありませんでした。風呂はなくても構わないからと、不動産屋に伝えた唯一の希望が、「地震で潰れるような家だけは避けたい」ということでした。実際には地震どころか、トラックが通るたびに震度１でユサユサと揺れました。

昼間はアルバイトよりも演劇や映画の勉強に費やしたかったので、早朝の新聞配達を始めました。そこで得る年収１００万円だけで暮らしていこうと、安くてお腹が膨れる食材……ご飯に卵、キャベツ、おからという同じメニューを朝昼晩、繰り返し食べ続けました。すると、唇が紫色に変色して元に戻らないという珍現象が起きました。

さらにその食生活を続けると、とうとう栄養不足で倒れてしまい、病院で点滴を打たれました。病院の先生に言われたのは、「西村くん、人間は雑食なのだから、同じものばかり食べていてはダメだ」。

そんな極貧生活も、夢を食っていれば楽しい！

学生時代の知人からは「負け組」と評されましたが、勝ち負けは人が決めることで、私にはどちらでも構いません。自分の中では人生は面白かったか面白くなかったか、挑戦したか挑戦しなかったかでしかないのです。

今振り返っても散々なことばかりでしたが、それら全てをひっくるめて「めちゃくちゃ面白かったなあ」としか思い出せません。都会の片隅で誰にも知られず、ただジタバタと足掻くだけの毎日。そんな生活こそが、「今日も自分は生きている」という実感を与えてくれました。

ある時、俳優の津田寛治さんのもとを訪ねたことがあります。津田寛治さんとは、北野武監督の映画に度々登場する俳優さんで、当時から映画界で実力派俳優として知られていました。津田さんは私にとって憧れの俳優さんで、映画初日の舞台挨拶に狙いを定め、履歴書を持って会いに行きました。

舞台挨拶が終わり、津田さんが舞台袖にはけると、私は本編を見ることなくサッと席を立ちます。ぐるっと劇場を一周してみましたが、津田さんの姿はどこにもありません。しばらくして劇場スタッフに津田さんの居場所を尋ねると、「申し訳ないですが次の現場に行かれてしまいました」とのこと。

一度では諦めません。

１週間後、別の劇場で舞台挨拶があり、再び足を運びました。今度は舞台挨拶が終わった直後に劇場スタッフに声をかけ、私がいかに津田さんのことが好きなのかを熱弁しました。今なら不審者と怪しまれて取り合ってもらえないでしょう。しかしその時は熱意が伝わったのか、ひょっこりと津田さんのマネージャーが出てきました。

マネージャーさんはひと通り話を聞いてくれた後、「津田をそこまで慕っていただき、ありがとうございます。でも今うちの事務所は津田だけで精一杯、タレントを増やす余裕がなくって……。本当にごめんなさいね」と。その後、「ちょっと津田を呼びますので」と言われたので待っていると、本当に津田寛治さんが出てきました。

津田さんは下積み時代の苦労をひとしきり話した後、「よかったら事務所に遊びにおいでよ」と言ってくれたのでした。

何たる天佑！

と、今なら思います。ボランティアでも何でもいいから押しかけて行って、運も縁も自分から摑み取らなくては、待っていても何もやって来ないのが芸能界です。しかし当時の私は鈍感で、「遊ぶために東京に来たわけじゃあないしなあ」と、津田さんのもとを訪ねることはありませんでした。

仮に生徒が同じ道を志したら。

私は「役者はやめておけ」と止めます。止められて諦めるくらいの覚悟であれば、進まない方がよいイバラの道です。しかし止めても、親から勘当されても、たとえ進む先で朽ち果てようとも……どうしてもやりたいと言うのなら、「ガムシャラに食らいつけ」と助言することでしょう。

## ドン底の景色

そんな空回りの日々の中、たまたま募集を見つけて履歴書を送ったことから、とある俳優事務所から声がかかりました。そこは2人しか俳優が所属していない小さな事務所で、何と若き日の斎藤工さん（主演作品「シン・ウルトラマン」など）がいました。私はなぜだかそこのマネージャーに気に入られ、5回も面接を受けた挙句に「所属扱い」にしてもらえたのでした。

それからというもの、毎日のようにマネージャーに連れ出され、昼も夜もプロデューサーに会いに行きました。映画やドラマの現場に顔を出し、斎藤工さんと稽古場代わりのカラオケボックスで演技の練習を繰り返し……。忙《せわ》しない生活が訪れました。そんなある日、「ドラマのちょい役が決まりそうだ」との吉報を受けます。トントン拍子で夢のようでしたが、正念場だと思ったのも束の間、突如私は事務所を辞めることになりました。

問題を起こしたのではありません。

何と、両膝の病気が見つかったのです。「両膝蓋骨離断性骨軟骨炎」という難しい名前で、両膝のお皿の真裏が腐って剥がれ落ちてしまう症状でした。原因は不明で、まもなく剥がれ落ちた軟骨が膝に入り込んで、足をロッキングしてしまうといいます。

マネージャーに相談すると、「え？　そうなの？　だったら、完治したらまたおいで」と。去り際に「待ってはいないのだけどね」と、少し残念そうに告げられました。ちょっとでも席を外したら別の人が座ってしまう、芸能界はそんな世界だから仕方ありません。

私は一旦東京を離れ、治療に専念せざるを得なくなりました。

手術は何とか成功したものの、退院後も度々症状が再発し、１年半もの間、立つこともままならなくなりました。治療の合間、下北沢の六畳間に戻っても、丸一日布団の上で天井を見つめて過ごす日々。そのうち鬱病にもなってしまいました。消えてしまいたい衝動に駆られつつ、誰かと話をしないとダメになると、壁に話しかけて正気を保つような生活を送りました。

その部屋は、全てを投げ出して上京した私にとって、これ以上堕ちることのないドン底に思えました。

こういう境遇になって、心底ありがたいと思ったのは、友人の存在です。私の変調を知った大学時代からの役者仲間サダ君が、１ヶ月に一度、何の用事もなく訪ねてきたのです。すっかり弱り切っていた私は、自分からは何も話せないでいました。それでもサダ君は一方的に１〜2時間話をした後、「また来るわ」と言って帰っていきます。

「サダ君はまた来るのか」

この頃の私にとって、彼が唯一この世界との繋がりでした。サダ君がいなければ、私は命を絶っていたかもしれないと、本当に思います。

このことは、今教師として生徒と向き合う上で、大きなヒントになっています。人は誰かひとりでも繋がりを持てていたら、大それた行動を思い止まることがあるのです。たとえ生徒が自らＳＯＳを出せない心理状態にあったとしても、お節介だとしても、こちらから声をかけて繋がりを作っていくことで人の命を救い得ることもあるのだと学びました。

どんな経験も、少しでも人に優しい人間になるために活かすことができるのです。

鬱になった経験は、鬱で消えてしまいたいと落ち込む生徒の気持ちを理解する助けになります。今思うことは、人生で経験したことは教師として、いや人として生きる上で何ひとつ無駄にはならないということです。

## 満開の桜の下

およそ１年半をかけて膝は完治し、ようやく元通りの生活を取り戻すことができました。

しかし、この先どうしたものか。

25歳を過ぎていた私は、何の実績もない役者未満の自分を買ってくれるような事務所は見つからないだろうと思いました。

しかし絶望する必要はありません。生きている限り、挑戦し続けたらよいのです。

ピンと思いついたのは、自分で脚本を書き、自分で監督をし、自分で主演する、北野武監督のような映画を作って、自らの才能を世の中に認めさせようということでした。

それからというもの、何人もの自主映画監督と出会い、映画作りのノウハウを学びました。映画作りの資金として何とか１００万円を貯め、脚本の構想を練りました。

２年ほどの準備期間をかけ、いざ撮影を開始したのは27歳の夏。映画のタイトルは「Thank you for Everything」といいます。日本語に訳すと「どうもありがとう」ですから、とてつもなくダサいのですが、人生の最後に伝えたい言葉は何だろうと思い、この題を付けました。

これは人生と愛をテーマにした壮大な物語なのです。

――舞台は東京。フリーター生活を満喫していた主人公の男。同じ境遇の彼女と暮らしています。

夏。二人は将来の見通しもないまま、楽器を奏でたり、祭りにぷらぷらと出かけたり、その日暮らしの生活をしています。ある時、男は昔買ったまま放置してあったビデオカメラを見つけました。二人は気まぐれに映画を作り始めます。

映画の完成間近となったある日。突如として彼女が事故に遭い、亡くなってしまいました。

半年後の冬。ガリガリに痩せてしまった男は、未だ現実を受け止められません。ゴミの山と化した部屋に、心配した友人のサダ君が訪ねてきました。友人と話す中で少しだけ元気を取り戻した男は、彼女の遺品を手に取ります。アルバムの中にあったのは、彼女の生まれ育った新潟県の風景。

男はひとり、彼女の足跡を訪ねる旅に出ました。
新潟県の人々との触れ合い。

そして、旅の最後に思いがけず出会った彼女の母親と話をすることで、男は生き続ける決意を固めます。

やがて東京に戻った男は映画の続きを完成させます。映画の題名は「Thank you for Everything」——。

撮影のために知り合いの役者やスタッフが、手弁当で駆けつけてくれました。未知数の才能を信じて手を差し伸べてくれる仲間のためにも、自主映画界の大きな賞を獲ろうと自身を奮い立たせました。

後半の「彼女が亡くなった後」の冬のシーンは、私はガリガリに痩せて登場しなければなりません。夏のシーンが終わると同時に一日一食に減らし、1ヶ月半で8キロの減量をしました。フラフラになりながらの後半撮影です。寂しげな冬の映像が必要だったのですが、撮影が思うように進みません。そのうち3月になり、東京では早々に春が訪れようとしていました。桜が咲いてしまったら、映画づくりは頓挫する……。

3月末になり、ようやく最後の撮影である、新潟県での旅撮影を開始することができました。東京を発つ前、下北沢ではすでに桜が蕾《つぼみ》を付け始めていました。しかし移動先の新潟県は東京と違い、まだ春の訪れはありません。

ラストシーンは佐渡島の海岸。最後は時間との勝負でしたが……。

「終わった！　本当に撮り終えた‼」

全身の力が抜けるのを感じました。撮り忘れたものはないだろうかと何度も確かめましたが、確かに全て撮り終えています。「奇跡だ、これはグランプリ間違いない」。震える手で、役者人生が開けたと確信しました。

意識が朦朧《もうろう》とする中、すっかり日の暮れた下北沢に辿り着きました。ふらつく足取りで駅から家までの20分間。あまりの空腹に堪え切れずに、ついついコンビニに立ち寄り、肉まんを2つ買いました。

公園のベンチに座り、もう食事制限も必要ないのだと、両手に持った肉まんを無心に頬張り……。

食べ終わり、虚心になって、ふと夜空を見上げたのです。

すると、何ということでしょう。

私の上に満開の桜が咲き乱れているではありませんか。その刹那《せつな》、自分でもなぜだかわからずに、両目からはポロポロと涙が溢れ出ました。

何てことはありません。３月末に蕾だった桜が、数日後に帰ってきたら満開になっていたというだけの話です。それは毎年繰り返される自然の営みです。しかしそんな当たり前のことも、観る者の状態によって全く違った景色として映ることがあるのだと知りました。

走馬灯のように、それまでの人生が思い出されました。振り返ると人並みにさまざまな困難に打ち当たり、上手く前に進めないことが山のようにありました。そうした経験を経て映画を完成させる目処《めど》が立ち、恥ずかしながら、「生まれてきてよかったね」と大自然から祝福されたような気持ちになったのです。

その時に、「あっ」と気がついたのです。

人はそれぞれ何かに向けてひたむきに進んだ先に、きっとどこかで、「生まれてきてよかった」と思える瞬間があるのではないか。私などは、ただ自主映画を作っただけなのです。それでもお腹を減らして極限まで頑張った先に、毎年咲く桜を前に、そんなふうに感じることができました。

たったそれだけのことで「生まれてよかった」と思えるなら、誰にでもそんな瞬間は訪れ得るのではないかと。

人はなぜ生きるのか。それはそれぞれにとって、「生まれてきてよかった」と思えるその瞬間を探すためではないかと思いました。

## 29歳、「教師」を志す

映画「Thank you for Everything」はというと、さまざまな映画祭に応募したところ、一切評価を受けることなく撃沈してしまいました。

30歳を前にして、改めて私は道に迷ってしまいました。

私にとって最も幸せなことは、売れなくても死ぬまで「役者未満」を続けるということです。「いつか売れて、本当の役者になる」、そう口癖のように繰り返しつつ、下北沢の端っこで朽ち果てるような人生に、私は今でも憧れを抱いてしまいます。それは、「私」のやりたいことを貫き通すという人生です。

他方で、それはやり切ったので、30歳からは多少なりとも「誰か」のためになれるような生き方がしたいと、そんなふうにも思い始めていました。

きっかけは紛れもなく、映画を作り上げたことです。映画を作るということは、自主映画のような小規模のものであっても、両手で数え切れないほどの仲間の協力を必要とします。仲間には、一生かけても返せないほどの恩を感じました。その恩を当人たちに返す代わりに、誰かのために、世のために生きるべきではないか。

また、今の豊かな日本に生まれたからこそ、二十代を通じて好きなことがやり通せたとも思いました。例えば貧しい国に生まれついたら、そんなことはできなかったかもしれません。日本でも80年前に生まれたら、そんなことはできなかったかもしれません。そう考えると、今の日本社会があってこそ、好きなように生かしてもらえたのです。

映画作りを通して、自分を支えてくれた周りの人や、日本社会全体に恩返しがしたいと、素直にそう思いました。

何よりも、「生きることは大変だけど、めちゃくちゃ面白いということ。人生はまさに生きるに値するのだということ」。それは子どもたちにぜひとも伝えたい。22歳のときに「自分から伝えられることなど何もない」と思っていた私でしたが、これだけはどうしても伝えたいと思うものを、二十代を通じて手にしたのです。

ここにきてようやく、私は教師になる覚悟を持ちました。

とはいえ、改めて教師を目指すとなると、また大きな夢への挑戦です。歴史の勉強からすっかり遠ざかっていた私は、29歳にして小学校の教科書から学び直しました。どうやって学んだのかということは……どこかでお伝えできる機会があればと願います。

ともかく1年後。私は岐阜県教員採用試験に合格しました。

役者の夢は叶いませんでした。しかし夢を追う人間は、夢に敗れるということはありません。なぜならば、夢はただ形を変えるだけだからです。

それでよいのです。

その後はというと、たった1年間の勉強では足りないと思った私は、採用保留制度を用いて岐阜大学大学院に進学しました。大学院の講義で出会ったのが、給特法……。

そして、32歳から教壇に立ち始めました。

私のように一度は教職の道を断念しても、やっぱり教師になりたいと志望する若者がひとりでも増えればとの願いもあり、教師になるまでのことを紹介しました。

教師になって今思うことは、教職もまたほかの職業と同様に、人生をかけるに十分値する職業だということです。

生きている限り挑戦であり、学びです。

今日もまた私は学校に通い、生徒とともに、人はなぜ生きるのか、これからの日本社会はどうあるべきかを、考え続けたいと思います。

# おわりに

私には、今も心の中で大切にしている三人の先生がいます。

ひとりは小学校時代の恩師で、「斉藤ひでみ」というツイッター名の由来となった先生。少し変わった「熱血先生」でした。

もうひとりは歴史上の人物、吉田松陰。本文では紹介しませんでしたが、29歳の私がもう一度教職に進む最後のきっかけとなったのが、29歳で亡くなった吉田松陰の人生を知ったことでした。

そして最後のひとりは、役者時代の師である、演劇企画集団「ＴＨＥ・ガジラ」の主宰者、鐘下辰男さん。鐘下さんは１９８０年代から作品を作り続けている演劇人で、演劇界隈では有名な人です。歴史をテーマに扱うことも多く、社会派の作品作りで知られています。

鐘下作品との出会いは20歳のとき。たまたまテレビで見た鐘下さんの舞台演出は、演劇にありがちな大袈裟な表現の一切ないもので、私はすっかり魅了されてしまいました。その後、ひょんなことからオーディションで鐘下さんと出会い、たった数日間だけですが、直に演出を受ける機会に恵まれました。残念ながらその教えをプロの役者として活かすことはできませんでしたが、今にして思えば、教師として欠かすことのできない姿勢を鐘下さんから教え込まれたように思います。

あるとき、鐘下さんの前で恋人役との二人芝居を演じることになりました。鐘下さんは私の演技を見て、うーんと考え込んでしまいます。

そして私にこう問いました。「西村、お前、人を愛したことがあるか？」。

二十代だった私は人並みに恋愛経験があり、キッパリと「あります」と答えました。すると鐘下さんは首を捻って、「本当に人を愛したことがあるか？」。「あります」。

そんなやりとりを三度繰り返した後、鐘下さんは「いや、人を愛したことがあるかと考えたことがあるか？」と問いかけたのです。

その意味を理解したとき、私は軽くこの世界が崩壊するほどの衝撃を受けました。

「私は自分が人を愛したことがあると思い込んでいる。そのこと自体を疑ってみたことが一度もなかった」

芝居作りというのは、こういうことの繰り返しです。人を愛する役をもらったときは、愛するとは一体どういうことなのか。自分自身の経験を思い出したり、相手役をじっと見つめて愛していると自己暗示にかけたり。壮大な嘘（フィクション）の上に立った真実の再現、そのトライ&エラーの繰り返しです。相手役が変われば真実は変わる。同じ相手役でも今日と明日だと答えは変わる。わかったつもりになることが答えから一番遠くて、決してわからないことを永遠に探し続ける、ゴールなき迷路のようなものなのです。

鐘下さんの言葉に触れて以来、自分でわかったつもりになっていたこと全ては単なる思い込みだったのかもしれないと悩みながら生きるようになりました。三十代で学校現場に入ってからも、全ての価値観は相対的なもので、「これはこうでなければならない」というようなものなど、ほとんどないのではないかと思って教壇に立ち続けてきました。

「毎日休まずに学校に来ることが模範的な生徒」、本当にそうなのか？

「生徒は毎日制服を着なくてはならない」、本当にそうなのか？

「教師は子どものために時間やお金に関係なく働くものだ」、本当にそうなのか？？

まさに本書で縷々《るる》述べてきた数々は、鐘下さんの教えそのものだったのです。

教師とは教室においてこの世界の真実をひとり握っていて、それを教授するような存在ではなく、生徒とともに、いや生徒以上に、答えを探し続けている人でなくてはならないと私は思います。これはこうだと決めつけず、日々省察を繰り返す存在でありたいと私は思うのです。そうした在り様こそが、人前で多少なりとも先生（少し先を生きている人）と呼ばれるに値する存在なのではないかと。

私の中に何人かの「先生」がいるように、人は人から学びます。そんなふうにして、この世界は何百何千年と続いてきました。しかし今日の日本では、残念ながら「先生」のなり手が1倍を切ろうとしている。これはまさしく「歴史の終わり」と呼ぶにふさわしい事態です。せめて、人が人から学び続ける営みが、この国において持続可能なものになってほしい。

そんな思いを書き残して、筆をおきます。

初の実名・単著を書くことを勧めてもらいながらも、いつものように遅々として筆が進まず、「葛藤」を続けた2年間でした。それにもかかわらず、何も言わずに信じて見守り続けてくださった編集者の原里奈さんもまた、私にとって先生のような存在です。

原さんを含め、人生で出会った全ての人に感謝します。

２０２３年６月　西村祐二

# 付録① 本書で紹介した出来事に関する年表

＊太字は国や自治体等の動き

| 年齢 | 年 | 日付 | 出来事 |
| --- | --- | --- | --- |
| 32歳 | 2012 | 4月1日 | 初任校として岐阜県立東濃フロンティア高等学校（定時制課程）に勤める |
| 35歳 | 2015 | 4月1日 | 異動し、岐阜県立羽島北高等学校（全日制課程）に勤める |
| 37歳 | 2016 | 8月15日 | 「斉藤ひでみ」名でツイッターを始める |
| | 2017 | 2月25日 | 学校の働き方に関する講演会で名古屋大学准教授（当時）の内田良氏と出会う |
| 38歳 | | 4月30日 | 部活動問題について全国の教師と連携を図る「部活改革ネットワーク」を設立する |
| | | **6月22日** | **学校の働き方について議論する中央教育審議会「学校における働き方改革特別部会」が始まる** |
| | | 8月29日 | 中央教育審議会を傍聴し、現場の思いを国に届けなくてはと感じる |
| | | 9月29日 | 7名の教師で「現職審議会」を設立し、インターネット上に「現場教員が抱える5つの問題」を発表する |

| | | | |
|---|---|---|---|
| | | 11月6日 | 現職審議会として、顔を隠した「覆面」記者会見を行い、給特法改正の必要性について訴える |
| | 2018 | 2月27日 | 給特法改正を求めるオンライン署名活動を始める |
| 39歳 | | 6月1日 | 働き方改革のイベントに登壇し、馳浩元文科大臣らと議論を行う |
| | | 6月7日 | 共編著『教師のブラック残業～「定額働かせ放題」を強いる給特法とは?!』（学陽書房）を出版する |
| | | 7月7日 | 内田良氏とYouTube「内田良の学校カエルちゃんねる」を開設、同チャンネル動画の撮影・編集を担う |
| | | 12月4日 | 給特法改正を求める署名約3万2千筆を文科省・厚労省に提出、「覆面」記者会見を行う |
| | | **12月6日** | **中央教育審議会「学校における働き方改革特別部会」が答申素案を発表する** |
| | 2019 | **1月25日** | **中央教育審議会「学校における働き方改革特別部会」が答申を行う** |
| 40歳 | | 5月30日 | 顔出しで出演したドキュメンタリー番組「聖職のゆくえ」が福井県内で放送される |
| | | 9月1日 | 「給特法のこれからを考える有志の会」を設立する |
| | | 9月16日 | 変形労働時間制の撤回を求めるオンライン署名活動を始める |
| | | **10月4日** | **第200回国会（臨時国会）が始まる** |

| | | | |
|---|---|---|---|
| | | 10月8日 | 給特法と変形労働時間制について考える院内集会を開催、実名で意見を述べる |
| | | 10月28日 | 変形労働時間制の撤回を求める署名約3万3千筆を文科省・衆議院・参議院に提出、記者会見を行う。同日、野党合同ヒアリングを受ける |
| | | **11月6日** | **「聖職のゆくえ」が民間放送連盟賞2019準グランプリを受賞する** |
| | | **11月7日** | **変形労働時間制を可能にする給特法改正案の審議が始まる** |
| | | 11月28日 | 参議院文教科学委員会に現場を知る参考人として出席、実名で意見を述べる |
| | | **12月4日** | **変形労働時間制を可能にする改正給特法が成立する** |
| | 2020 | **2月27日** | **新型コロナウィルスの感染拡大を受け、総理大臣が全国一斉休校要請を行う** |
| | | 3月6日 | 共著『迷走する教員の働き方改革～変形労働時間制を考える』（岩波ブックレット）を出版する |
| 41歳 | | **5月15日** | **岐阜県教育委員会が「学校再開ガイドライン」を示し、県立学校や市町村教育委員会に、制服以外の服装での登校を認めるよう求める** |
| | | 7月19日 | 内田良氏らとオンラインイベント企画団体「みんなの学校安心プロジェクト」を設立する |
| | | 10月19日 | 「岐阜県の学校教育をよくする会」代表として、岐阜県教育委員会に変形労働時間制の署名と、条例制定を行わないよう求める要望書を提出する |
| | 2021 | 1月30日 | 制服と私服の選択制を求めるオンライン署名活動を始める |

| | | | |
|---|---|---|---|
| | | 3月26日 | 制服署名約1万8千筆と校則に関する要望書を文科省に提出、記者会見を行う |
| | | 4月1日 | 名古屋大学大学院博士後期課程に入学、働きながら大学院に通う。同年、内田良氏らとともに、ウェブ調査「学校の業務に関する調査」を行う |
| 42歳 | | **6月8日** | **文科省が校則見直しを促す通知を発出する** |
| | | **7月7日** | **文科省が「生徒指導提要」改訂に向けた協力者会議を始める** |
| | | 7月17日 | 日本若者協議会による「校則見直しガイドライン」作成検討会議に参加、第一回会合が始まる |
| | | 7月30日 | 「学校教育を語り合う教員と市民の会」代表として、岐阜県教育委員会に制服署名と校則に関する要望書を提出する |
| | | 8月14日 | 岐阜市でイベント「校則に傷つく子どもたち」を開催する |
| | | 12月7日 | 共著『#教師のバトンとはなんだったのか』（岩波ブックレット）を出版する |
| | | 12月21日 | 共編著『校則改革』（東洋館出版社）を出版する |
| | 2022 | 3月9日 | 日本若者協議会による「部活動の強制加入撤廃を求める」署名提出と記者会見に参加、意見を述べる |
| 43歳 | | 4月28日 | 給特法のこれからを考える有志の会として、給特法の抜本改善を求めるオンライン署名活動を開始する |

| 年 | 年齢 | 月日 | 出来事 |
|---|---|---|---|
| | | 5月13日 | ウェブ調査「学校の業務に関する調査」の速報値を発表する記者会見を行う |
| | | 7月26日 | 給特法改善を求める署名の中間報告記者会見を行う |
| | | 10—11月 | 給特法改善を求める署名と要望書を、自民党・国民民主党・立憲民主党・日本共産党・公明党に提出（提出順）、議員らと懇談を行う |
| | | **11月16日** | **自民党が給特法等を議論する「特命委員会」（萩生田光一委員長）を始める** |
| | | 11月25日 | 元文科大臣で自民党政調会長の萩生田光一衆議院議員と懇談を行う |
| | | **12月** | **文科省が改訂版「生徒指導提要」を公表する** |
| | | 12月12日 | 給特法改善を求める院内集会を開催、元文科大臣の柴山昌彦衆議院議員、国民民主党代表の玉木雄一郎衆議院議員らと登壇する |
| | | **12月20日** | **文科省が給特法に関する「調査研究会」を始める** |
| 2023 | | 2月24日 | 日本維新の会の会合で給特法改善を求める署名と要望書を提出、意見を述べる |
| | | 3月16日 | 給特法改善を求める署名約8万筆を文科省に提出、記者会見を行う。同日、立憲民主党からのヒアリングを受ける |
| | 44歳 | **4月28日** | **文科省が教員勤務実態調査（2022年度実施）の速報値を公表する** |
| | | 5月17日 | 共著『先生がいなくなる』（PHP新書）を出版する |

付録②　毎日新聞特集　ストーリー

# 「8時間で帰れる職場」訴え
# 現役教師、働き方問う／リスク覚悟　実名で

＊年齢等は当時のもの

（２０１９年10月27日）
〈取材・文　伊澤拓也〉
毎日新聞社提供

居並ぶ国会議員や報道陣を前にしても、緊張や動揺を見せなかった。東京・永田町の参院議員会館で8日に開かれた学校の働き方改革を求める集会。マイクを握った岐阜の県立高校教諭、西村祐二さん（40）が「オフレコなしでお話しします」と切り出すと、カメラのシャッター音が響いた。

文部科学省が、公立学校教員の勤務時間設定を学校ごとに可能とする1年単位の「変形労働時間制」導入を柱とする教職員給与特別措置法（給特法）改正案を国会に提出するのに先立ち、西村さんが1人で手配し、開いた集会だった。「勤務時間を延ばすより、8時間で帰れる職場にしたい」との訴えに与野党の議員が聴き入った。9月中旬に始めた変形労働時間制の撤回を求める緊急のネット署名に、3週間で3万筆以上が集まったことも報告した。

１９７２年に施行された給特法は、教員の勤務時間外の部活動指導などを残業と認めていない。その結果、教員の多忙化につながったとの指摘がある。

吉田松陰になりきって授業をする西村祐二さん＝岐阜県立羽島北高校で９月５日、兵藤公治撮影　毎日新聞社提供

部活動指導が勤務時間に算定されないことに疑問を抱いた西村さんは２０１６年、ツイッターで発信し始めた。アカウント名は「斉藤ひでみ」。教育界を中心に支持を広げ、フォロワーは1万人を超えた。17年に中央教育審議会（中教審）で働き方改革の審議が始まってからも、記者会見を開いて給特法の改正を訴えたが、実名と顔を出しての報道は拒んでいた。教育現場には、制度を公然と批判することを嫌う「同調圧力」があると感じたからだ。

今年1月、中教審が給特法の抜本改正を見送る案を答申し、改革が骨抜きになる恐れが高まった。「リスクを負って発信することで、何かを感じてもらえる」。西村さんは実名に切り替える決断をし、8日の集会で報道陣の前に姿を現した。

集会に学者として参加した、「ブラック部活動」の著書で知られる内田良・名古屋大准教授が「どこからあのエネルギーが湧いてくるのか」と舌を巻いた。全国の公立学校で働く教員は約１００万人。その思いを胸に、リスクを覚悟して「顔を見せる闘い」に挑んだ一人の教師の生き様を追った。

## 「教員の質向上阻む」給特法抜本改正求め

### 天職だからこそ

岐阜県立羽島北高の教室に前触れなく、さだまさしさんの「かささぎ」が流れた。愛する人とのすれ違いを主題にした叙情的なメロディーの裏で、同校教諭の西村祐二さん（40）の甲高い声が響いた。

「自分が正しいと思うことをやる。そこに成功も失敗もない。やることが大事なんだ」

9月にあった授業の一場面。西村さんが歴史を教える様子は一度見たら忘れられない。歴史上の人物になりきって「独り舞台」を演じるように身ぶり手ぶりで出来事を再現するからだ。

最も尊敬する吉田松陰を扱った授業では、いつも以上に熱がこもる。松陰が門下生に「僕は忠義をするつもり、諸友は功業をなすつもり」と言った場面に差し掛かると、額に鉢金をつけて声を振り絞った。最初はきょとんとしたり、苦笑したりしていた生徒たちも、徐々に引き込まれていた。

へりくだって自分のことを「僕」と言った松陰に倣って、西村さんも「僕」と言う。「あの年齢で、当時の日本で誰も見ていなかった方向を見ていました。自分が成し遂げられなくても、後世に大きすぎる一石を投じたのです」。幕府に立ち向かって29歳で生涯を終えた不世出の偉人と、同じく29歳で人生の転機を迎え、教職員給与特別措置法（給特法）の改正を訴える自身を重ねることもある。

教員になろうと思って進んだ関西学院大（兵庫県西宮市）で演劇にのめり込み、卒業後に役者を目指して上京した。東京・下北沢の風呂なしのワンルームで暮らし、新聞配達をしながら劇団に通った。なけなしの金をはたいて演劇修業のためニューヨークやパリに行った。自分で脚本を書いた自主製作映画を映画祭に応募したが、鳴かず飛ばず。節目の30歳を目前に「やりたいことは全てやった」とすがすがしい気持ちになった。松陰をまつる松陰神社（東京都世田谷区）を訪れ、「残りの人生、人のために生きよう」と教員になることを誓った。

「人のために」と思えたのは、阪神大震災（１９９５年１月17日）が影響している。中学３年の冬、西宮市内にあった自宅マンションで猛烈な揺れを感じて跳び起きた。「ミサイルが落ちた」と勘違いしてかぶった布団の上に本棚が倒れてきた。５階の窓から見た空は、街が燃える炎で真っ赤に染まり、見慣れた建物はがれきへと変わっていた。

幸い家族は全員無事だったが、生まれて初めて死を間近に感じた。親族１人や同級生ら３人を失い「なぜ自分が生き残ったのか」という後ろめたさが募った。「助かった命」でどう生きるか――。その後の人生の指針になった。

教員免許は大学で取っていた。再出発の場所に選んだのは岐阜県。演劇修業で全国を旅した時に温かく接してくれた県民の人柄や自然にひかれたからだ。教員採用試験は一発で合格した。「歴史上の出来事を追体験してほしい」という思いで編み出された特徴的な授業は、ＮＰＯ法人が主催する授業の全国コンクールで優秀賞に輝いたこともある。20代に培った演技力は今、授業に生かされている。

面白い授業をするためには、十分な準備が欠かせない。流れや構成、プリント、かける音楽……。教職が天職だと信じているからこそ、妥協したくない。そこに立ちはだかったのが、部活動だった。

初任地は定時制だったので活発ではなかったが、４年目の２０１５年に赴任した羽島北高は全日制で強豪と呼ばれる運動部もある。西村さんは着任する際、当時の校長に吹奏楽部の顧問を打診された。吹奏楽部は運動部並みに練習時間が長く、土日の練習も多かった。授業準備を優先したかった西村さんは、校長に最も気になっていたことを尋ねた。

「部活動指導は職務ですか」
「職務かどうかは分からないけど、職務と思ってやってもらいたい」

曖昧な校長の答えに納得できずにいると、見かねた同僚が吹奏楽部を引き受け、西村さんは活動時間が短い写真部の顧問になった。

羽島北高は西村さんが着任した時、生徒は部活動に参加するのが決まりだった。さらに教員は職務かどうかがはっきりとしない顧問を引き受けなければならないという二つの「強制」を疑問に感じた。

72年に施行された給特法は、校外実習、学校行事、職員会議、災害対応の4項目を除く時間外勤務を自発的行為と位置づけ、残業代が支払われない代わりに基本給の4％を「教職調整額」として受け取ることの根拠となっている。4項目に該当しない部活動指導や授業準備、成績処理などはどれだけやっても無給。給特法が「定額働かせ放題」と批判されるゆえんだ。

なぜこのような規定が設けられたのか。文部科学省は職務の「特殊性」と説明する。つまり、子どもの人格形成を担う教員は専門的な知識と技能が必要で、授業以外の時間をどう使うかは自発性、創造性に基づくので「通常の勤務命令や時間管理はなじまない」というわけだ。

その結果として、管理職が時間管理をしなくなり、教員に「勤務時間」という概念が希薄になった。文科省が16年に実施した調査で、小中学校の教員の1週間当たりの勤務時間は、10年前と比べ4～5時間増加。中学校の6割、小学校の3割の教員が過労死ライン（残業月80時間）に達していた。精神疾患を理由とする休職者は年間5000人前後に上り、毎日新聞の調査では16年度までの10年間で少なくとも63人が過労死している。

羽島北高でも、毎年のように心身を病む教員がいた。西村さんはやり切れない思いを抱えながらも、自分の考えは曲げずにできる限り定時で帰宅した。

机に「目標　定時退勤」と書いた紙を張り、部活動問題を題材にした本を隠さずに置いた。部活動指導に熱心な教員にとっては面白くなかったに違いない。こうした行為は校長から「気にする先生がいるよ」とたしなめられたことがあるが、やめなかった。同僚から嫌がらせを受けることはなかったが、表立って賛成してくれる人もおらず、「何となく浮いていた」（西村さん）状態になった。

黙っていては何も変わらない。そう考えた西村さんは16年、小学校時代の恩師の名から着想した「斉藤ひでみ」のアカウント名でツイッターを始める。

「教員は残業が許されていないから、勤務時間以外は全て『私生活の時間』。私生活に部活顧問をやれと言われる」

「校内で正論を唱えるのは限界だ」

このような部活動の問題点や不満をつぶやくうち、賛同するフォロワーが少しずつ増えた。働き方改革の方策が17年6月、中教審に諮問されると、西村さんも動いた。同年9月に教員有志で「現職審議会」を発足させ、匿名で部活動や給特法について批判し、制度改正を求めた。中教審の会合は有給休暇を取って可能な限り傍聴し、ツイッターで「給特法の改正は棚上げ。働き方改革の失敗は目に見えてる」などと感想をつぶやいた。

中教審は結局、給特法の根幹部分である給与制度の改正は「中長期的課題」として見送ったが、文科省が策定した時間外勤務の上限を月45時間とするガイドライン（指針）の順守を答申した。指針が指す勤務時間は部活動や授業準備も含む「在校等時間」とし、教育委員会や学校が管理して上限を超えないようにすることが初めて規定された。ただし、罰則は設けなかったため、実効性には課題が残る。一方、給特法は維持されるため、部活動や授業準備が無給であることは変わらない。勤務時間について異なる概念が両立することになり、有識者からは「ダブルスタンダードだ」という批判もくすぶる。

中途半端にも見える答申に西村さんはしばらく放心したが、すぐに「これで終わりじゃない」と気持ちを切り替えた。「今まで通りでは伝わらない」と覚悟を決め、実名・顔出しで活動することにした。石田達也校長も「学校の業務をちゃんとやってくれれば問題ない」と了承している。

実名・顔出しに踏み切ったことに、ツイッターでは「すごい勇気」「応援します」などと肯定的な反応が目立つ。職場内外での不利益があったとしても、気にしないつもりだ。「大好きな教師という仕事をずっと続けたい。だからこそ法制度を変え、職場環境を変えるまで諦めない」という強い気持ちが支えている。

## 20年の時経て、信念共に

教員の職務は本当に「特殊」なのか。〈教育職員の職務と勤務態様の特殊性に基づき〉と明記した給特法1条を真っ向から批判した教育哲学者がいる。熊本大准教授の苫《とま》野《の》一徳《いっとく》さん（39）だ。

苫野さんは18年10月に出版された共著「みらいの教育」に収録した「教師という仕事の本質」と題した論文に「公教育の本質はすべての子どもに自由に生きられる力を育み、市民社会を根底から支えることにある。市民社会の普遍的利益を目指す公務員の職務から、教師を除外する理由はどこにもない」と指摘した。これまで当たり前のように受け止められてきた「特殊性」という文言に、初めて学問的な批判が展開された。

苫野さんと西村さんは浅からぬ縁がある。関西学院高等部の同級生で、苫野さんが学友会（生徒会）の会長、西村さんが副会長だった。苫野さんは西村さんについて「高等部を『世界一の学校にする』と言っていた。理想が高くて、過激。面倒くさいやつだった」と苦笑いしながら振り返る。西村さんから見た苫野さんは「人心掌握術にたけていて、カリスマ性があった」。どういう学校にすべきか、毎日のように激しく論じ合った。

西村さんは学友会に立候補した際のあいさつで、高等部が校則などが厳しくないことを踏まえ「自由の裏には責任がある。責任を負わずにだらだら学校生活を送るべきではない」と述べ、大勢の生徒から冷たい視線を浴びた。苫野さんも煙たがられていたが、2人とも信念を曲げずに地道に訴え続けると、徐々に賛同する生徒たちが増えたという。

高校卒業後も西村さんは度々、苫野さんの自宅に押しかけた。その後、気鋭の教育哲学者となった苫野さんは、西村さんの活動を知る。「やっぱりなという感じ。問題意識を持ったら動かずにはいられないから」。西村さんの発信がきっかけで給特法に関心が向いた。

前出の論文に励まされたのは、他ならぬ西村さんだ。「給特法1条の『特殊性』は何かおかしいと感じていながら、誰も批判しなかった。苫野がやってくれるとは」。不思議な縁で、旧友に背中を押された。20年の時を経て、給特法という壁を前に2人が手を携えた瞬間だった。

2人は年に1度のペースで酒を酌み交わしている。苫野さんの西村さん評には続きがある。「面倒くさいやつだけど、その理想の高さが人をひきつける。だから敵もつくるけど、それ以上に仲間ができる」。1万を超えたツイッターのフォロワー数が、それを裏付けている。

世の中の理不尽や不合理に口を出さずにいられない性格は、高校の時から変わっていない。西村さんは高等部卒業の際に学友会の文集に寄せた文章をこう締めくくっている。

〈目の前にある生活に疑問を感じよう。その疑問を口に出してみよう。それは、きっと進歩する〉

西村さんがまいた種は、少しずつ芽を出し、花を咲かせつつある。学校現場では勤務時間を管理するようになり、部活動の顧問を外部化するための議論も進む。羽島北高では西村さんがずっと廃止を訴えていた生徒の強制入部をこの春にやめた。次の目標は、何らかの部の顧問を担当しなければならない「全員顧問制」の撤廃だ。

　授業を何より大切にする西村さんに、生徒たちに何を伝えたいか尋ねると、こんな答えが返ってきた。

「『おかしい』と思うことを『おかしい』と言えるようになってほしい。それが民主主義だし、世の中を良くするから」

　風変わりな「熱血先生」の闘いは続く。

プロフィール

## 西村祐二　にしむら・ゆうじ

1979年、兵庫県西宮市生まれ。2002年、関西学院大学卒業後、小劇場や自主映画の世界で活動。30歳で岐阜大学大学院に進学し、32歳で岐阜県立高等学校地歴科教諭（現職）。勤務の傍ら、'16年８月より「斉藤ひでみ」名義で教師の労働問題や生徒の校則問題について発信を始め、文部科学省への署名提出、参議院文教科学委員会での参考人陳述等を行った。Change.orgのオンライン署名ではユーザーが選ぶ年間大賞「2019 Changemaker Award」を受賞。共編著に『教師のブラック残業』（学陽書房）、『校則改革』（東洋館出版社）、共著に『迷走する教員の働き方改革』『#教師のバトン とはなんだったのか』（岩波ブックレット）、『先生がいなくなる』（PHP新書）。ドキュメンタリー番組「聖職のゆくえ」（福井テレビ）に出演。'23年現在、高校勤務を続けながら名古屋大学大学院（博士後期課程）に学ぶ。

Twitter：@kimamanigo0815
Mail：gakkoukaika9@gmail.com

# シン・学校改革《がつこうかいかく》

「定額働《ていがくはたら》かせ放題《ほうだい》」と「ブラック校則《こうそく》」に挑《いど》む現役教師《げんえききようし》

2023年６月30日　初版第１刷発行

著　者　西村祐二《にしむらゆうじ》
法律監修　嶋﨑《しまさき》　量《ちから》
発行者　三宅貴久
発行所　株式会社　光文社
〒112－8011　東京都文京区音羽1-16-6
電話　編集部　03-5395-8149
書籍販売部　03-5395-8116
業務部　03-5395-8125

落丁本・乱丁本は業務部へご連絡くだされば、お取り替えいたします。

デザイン　髙林昭太
組　版　堀内印刷
印刷所　堀内印刷
製本所　ナショナル製本


ISBN978-4-334-95383-6